CROSS BORDER

「越境」支援戦略

人事のための導入のポイントと事例

株式会社リクルートマネジメントソリューションズ

井上 功 [著]

Inoue Kou

中央経済社

はじめに

　イノベーションの開祖であるシュンペーターや，マネジメントの発明者ドラッカー，イノベーションのジレンマで名を馳せたクリステンセン，両利きの経営のオライリーやタッシュマン，経営管理イノベーションのゲイリー・ハメル等の経営学者の論説には共通項があります。それは，【越境】です。イノベーションと【越境】は極めて親和性が高いです。企業にはイノベーションが求められることは言うまでもありませんが，そのためには【越境】が必要です。事業ドメインを【越境】し，新しい価値を創出し，それらが社会に普及して初めてイノベーションが成立します。であれば，組織の構成員である社員も【越境】しなければならないのでは？　という問題意識が頭をよぎりました。

　そこで，2023年1月に『CROSS BORDER 越境思考—キャリアも働き方も「跳び越えれば」うまくいく』（ディスカヴァー・トゥエンティワン社刊）を上梓しました。主張は，「【越境】により新しいキャリアをつくろう！」です。主語は社員であり，組織の構成員です。

　一方，本書『「越境」支援戦略—人事のための導入のポイントと事例』での主語は主に人事部であり，経営者です。【越境】するのは社員ですが，全ての【越境】行動や責任を個人の自律性に委ねることは難しい。人はなかなか動きません。人事や経営側は，社員を【越境】させるための何かしらのサポートをすることが必要です。社員の自律性への期待と企業からのサポートの両面作戦です。社員は主体的【越境】思考を育み，【越境】行動をとるべきですが，同時に，組織は【越境】戦略を立てて社員の【越境】を支援することが必要です。

本書では，企業が【越境】を促すことの意味や価値，具体的方法，【越境】が社員に，ひいては企業にもたらすものについて，以下の流れで説明していきます。

- 【越境】とは何か？
- 【越境】の時代背景
- 企業経営は3つの市場（資本／商品／労働）とのコミュニケーションであり【越境】が必要
- 労働市場とのコミュニケーションにおける【越境】とはどういうことか？
- 社員が【越境】すること，社員を【越境】させることで，変化対応が実現
- 個人アンゾフのマトリクスで考える，【越境】支援の具体策
- 【越境】先のコミュニティの特徴，【越境】で得られる経験，【越境】で獲得できること
- 【越境】のデメリットは？【越境】を促進すべき企業は？【越境】の動向，事例
- 【越境】を組織に浸透させるために〜概念浸透の4つのレバーを動かす
- 戦略は組織に従う，戦略は人材マネジメントに従う
- 人的資本経営という追い風
- 【越境】促進で組織を開き，OPEN JAPAN を実現すべき

さぁ，【越境】支援の旅への【越境】の始まりです。

目　次

はじめに　3

1　【越境】とは何か？ ………………………………… 13

　【越境】とは，物理的・心理的境界を越えること／13

　人はなぜ境界をつくるのか？／14

　【越境】は人間の基本的営み／16

　現代の【越境】の様相／18

　【越境】とは，変化に対応すること／19

　【越境】支援の出番／20

　【越境】しやすい時代／21

　個人が【越境】しなくなったのは組織の責任？／23

　個人の【越境】には組織の支援が必要／25

　【越境】の対象領域について／26

2　企業経営のダイナミクスから 【越境】を考える ……………………………… 27

　【越境】を考える際の視点／27

経営とは，企業と3つの市場とのコミュニケーション／28

3つの市場は変化している／29

3 金融市場と企業とのコミュニケーションでは【越境】が必須 …………………………………… 31

金融市場と企業とのコミュニケーションとは？／31

資本調達活動とは？／32

環境経営の台頭と投資判断基準の変化／32

4 商品市場と企業とのコミュニケーションには【越境】が必要 ………………………………… 35

商品市場に対して価値を提供する事業活動とは？／35

顧客の圧倒的減少に直面する日本／36

顧客に対して提供する価値自体が変化／37

どうやって儲けたらいいのか？　も変化／37

異種の競合が登場するので，競争優位のポイントも変えるべき／38

市場を変え，提供価値や製品を変えることの必要性をアンゾフのマトリクス〜多角化戦略〜で考える／39

商品市場の外部環境変化に対応する多角化は全ての企業に必要か？／41

過去の多角化の反省点とあるべき方向性／42

5 労働市場と企業とのコミュニケーションでは 【越境】は必然 …………………………… 45

労働市場とのコミュニケーションの要諦は人材マネジメント／46

労働市場の変化／47

雇用システムの限界　47

働き方の変化　48

労働観の変化　49

採用の変化　51

配置・配属の変化　52

評価も変わってきている　53

思考・行動様式も変化　54

管理職の役割も以前とは異なる？　55

リーダーの様相も変わってきている　56

改めて人材マネジメントの【越境】とは何かを考えてみる／58

企業経営には3つの市場とのコミュニケーションに対する

変化対応が求められる／59

6 個人アンゾフから考える 社員の3つの【越境】の方向性 …………………… 61

個人アンゾフとは？／61

A：居場所を【越境】する下シフト　63

B：提供価値を【越境】する右シフト　66

C：居場所と提供価値の両方を【越境】する右下シフト　68

D：居場所も提供価値も【越境】せず学びを深める　70

7 【越境】の前提，理想の【越境】先の特徴，【越境】での経験，【越境】先で得られること …73

【越境】の前提となる相対化／73

相対化の持つ力　74

【越境】先のコミュニティのあるべき特徴／77

【越境】先のコミュニティの目的　77

【越境】先のコミュニティでの活動内容　78

【越境】先のコミュニティの構成メンバーや交流者　81

【越境】先のコミュニティに関わる自身のスタンス　83

【越境】で得られる経験／85

【越境】で獲得できること／88

新しい知識　88

モノの見方の転換　89

新結合　91

人脈（ネットワーク）　93

対人対応スキル　94

ワクワク感　96

【越境】をめぐる実証データ／98

【越境】経験者と未経験者の違い　98

【越境】経験者の能力の獲得　99

【越境】がもたらすもの　99

目次 9

【越境】研修前後の経験の違い　102

【越境】とリーダーシップとの繋がり／103

【越境】はリーダーをつくる／105

8　【越境】にデメリットはあるか？ ……………… 107

【越境】すると転職してしまうのでは？／107

副業での【越境】は，情報漏洩や健康面でのリスクに繋がるのでは？／109

【越境】すると，現業のパフォーマンスが低下するのでは？／110

【越境】すると，【越境】者の自己肯定感が下がるのでは？／111

【越境】すると，自身が異質な存在だと気づき，現業への求心力が減少するのでは？／111

9　【越境】の対象者は？　【越境】を促進すべき企業は？　【越境】の動向は？ …………………… 113

【越境】の対象者は？／113

　エースを【越境】させるべきか？　114

　社員全員を【越境】させるべきか，一部の社員か？　115

どんな企業が，社員の【越境】をさせるべきか？／116

【越境】の現在の動向は？／118

【越境】の事例／119

10 【越境】を促進させるためには 【越境】の概念浸透が必要 ……………… 121

社員が自律的に【越境】するようになるのは難しい／121

【越境】の概念浸透を行うべき

　～概念浸透モデルの4つのレバーを動かす～／122

　　先ず必要なのはトップのコミットメント　123

　　【越境】の機会／プロセス　126

　　【越境】ストーリーの共有　130

　　【越境】促進の制度化／運用の工夫　134

【越境】者の活性度を高めることが必要／140

【越境】の経営へのレポーティング／141

人事部は【越境】しているか？／142

11 戦略は組織（人材マネジメント）に従う ～SHRMの実現～ ……………… 145

MIマトリクス®というフレームで見る【越境】／145

MIマトリクス®での人事の【越境】の方向性／148

組織は戦略に従う？　戦略は組織に従う？／149

リクルートの事例／151

戦略は人材マネジメントに従う／152

　　人事の7機能の【越境】を考える　153

　　現代は【越境】しやすい　155

変化対応の1つの方向性としての人的資本経営という追い風／155

　　人的資本経営と【越境】の繋がり　156

　　人的資本経営を実現する変革の方向性　158

　　人的資本経営は矛盾のマネジメント　161

12 まとめ 163

【越境】の必要性の流れ／163

【越境】を軸とした人材マネジメント変革は,

　　経営管理イノベーション／164

成長戦略実行計画／166

OPEN JAPAN で新しい「Japan as No.1」をつくる／167

あとがき　169

参考文献　171

1

【越境】とは何か？

【越境】とは，物理的・心理的境界を越えること

　【越境】とは，一体何でしょうか？　辞書には，国境などの境界線を越えること，とあります。【越境】は何かしらの境界を越えることだと分かります。

　では，境界とは何でしょうか？　元々は仏語だったようで，能力の及ぶ範囲・限界を意味していたようです。転じて境遇や境地を示すようになり，近年は主に土地や物事の境目を意味することが多いようです。国境は代表的な境界であり，自然科学と社会科学の境界，といった使い方もします。

　つまり，境界には2種類あるのです。物理的境界と心理的境界です。身近な例で考えてみます。

　物理的境界を形づくる代表は家でしょう。我々は自宅という物理的境界を【越境】して出勤してきました。コロナ禍が契機となり，日々の出社という【越境】をする人は減りましたが，アフターコロナで再び【越境】が日常化している会社もあります。

　会社も境界を持っています。セキュリティの関係で入口にゲートを設け

ている企業は多いですが，それは社内と社外を分ける物理的境界ということができます。会社の中にも境界は沢山あります。組織がフロアによって分けられたり，机が組織別の島ごとにまとめられたりしていたら，実際に境界線が引いてあるわけではありませんが，物理的境界といえます。

　では，心理的境界はどのようなものでしょうか？　部署や部門といった何かしらの会社・組織内での所属自体が心理的境界を形づくっています。組織図は心理的境界を暗に示しているともいえます。我々は，「うちの部では…」のような言い方をごく普通にしています。うちの，ということで他の部との心理的境界線を引いているのです。会社以外でも境界をつくる集団は数多くあります。野球やサッカーなどのスポーツチーム，クラブや推しの集いのような同好会，SNS上でのフォロワーや特定スレッドの会員，自治会，宗教や宗教内の派，政治上でのグループ，大学や高校などの同窓会，等々。全てのコミュニティは何かしらの心理的境界を有しています。

人はなぜ境界をつくるのか？

　人はなぜ境界をつくるのでしょうか？

　先ずは，自分の居場所のためです。元々ある居場所に参加することもあれば，新たな居場所をつくることもあります。同じ目的や利害を持つ者と集うことで，所属感が高まります。同好の士であれば，胸襟を開くスピードが早まり，落ち着きます。ほっとする感じです。

　境界をつくることは，社会を分けることでもあります。分けることで，コミュニティ内の人数が減ります。全世界90億人の集団の中では，何か1つのことだけを議論するにしても途方もない労苦が必要でしょう。共通の興味・関心をめぐって境界をつくり，集団を小さく分けることで，意志疎

通がしやすくなり，コミュニケーション・コストが低減され，意志決定も容易になります。それは，コミュニティ内での一体感の醸成にも繋がります。

一方，この一体感はその集団外との区別を明確にします。境界がはっきりしてくると，その内外の違いの認識が明確になります。主義・主張が自分たちと違うことが鮮明になるのです。国境という物理的境界をも越えていった過去の歴史を紐解けば明白です。そこまで至らないとしても，例えば，運動会で紅白に分かれて棒倒しをするように，赤と白というコミュニティをつくり，あなたは白組，あなたは赤組，と分けられれば，人は相手との違いを認識して行動するのです。

絶海の孤島でひとりぼっちで暮らすなら別ですが，我々は，会社をはじめとする様々なコミュニティに所属しています。何らかの境界の中で生きているのです。そして，境界内のコミュニティでは，安定化が既定路線です。"組織は常識を作りこむ装置"といわれますが，古今東西，それは正しいといえます。常識とは，暗黙的・形式的なルールや規範のことを指します。古くは掟です。掟を破ると村八分にあうので，自然と余計なことをしないようになり，安定化の動きが加速します。"正解主義・前例主義・事なかれ主義"は，日本が島国であり海という広大な物理的国境に囲まれているという地理的事情もあって，国民の中にどんどんはびこっていきました。このようにして，我々は境界内での安全・安心・信頼・着実・確実の世界で過ごしてきたといえます。一定のルールの下での行動が，効率的であり落ち着くという感じです。

人は境界をつくり，自分の居場所を確保し，コミュニケーションを容易に行い，暗黙／形式の規範をつくり，外部と峻別し，内に籠る。秩序形成ともいうべきこの行為自体は，自然な流れということができます。

【越境】は人間の基本的営み

　【越境】とは，秩序化／組織化された集団が持つ物理的／心理的な境界（線）を越えること，です。もう少し【越境】の行為・行動を深く捉えてみましょう。

　神話の世界は【越境】で成り立っています。アメリカの神話学者のジョーゼフ・キャンベル*は，神話はセパレーション（分断／別れ／旅立ち），イニシエーション（起動／何かの始まり／承認），リターン（帰国／帰還／得ること）の3つの構造を持つと分析しています。旅立ち，【越境】し，新天地で何かが起こり感化され，再び境界を越え，戻ってくるというものです。神話のヒーローはこの流れを経るとしています。現代のスター・ウォーズやロード・オブ・ザ・リングなどの物語にも，キャンベルの英雄の旅（Heroes and the Monomyth）が概ね当てはまります。ヒーローは【越境】するのです。

　　*ジョーゼフ・キャンベル（Joseph Campbell, 1904年〜1987年）：アメリカ合衆国の神話学者。比較神話学や比較宗教学で知られる。

　人類の進化も【越境】の繰り返しということができます。

　ホモ・サピエンスたるネアンデルタール人は，アフリカから全世界に命懸けで【越境】しました。狩猟や農業というイノベーションの力を借り，洞窟から平原に出ていったのです。その後，船がつくられ，原初の航海術のお陰で海を越えていきました。四大文明から少し遅れて，紀元前7〜8世紀にはギリシャ・ローマ文明が勃興します。地中海を中心とした【越境】

活動が活発化していったと考えられます。

その頃の日本は縄文時代後期から弥生時代。稲作が日本全土に普及していった時期です。3世紀後半に大和政権が誕生し，朝鮮半島や中国との交流が盛んになりました。この頃既に日本人は【越境】していたのです。7世紀初頭から約300年にわたって，遣隋使や遣唐使も大海を【越境】し，最新の大陸の宗教や文化を日本にもたらしました。鑑真も何度も【越境】しています。

世界でも【越境】が続きます。造船や航海技術が進化し，バイキングが躍動し，ヨーロッパからアメリカ大陸への入植活動が盛んに行われたようです。香辛料獲得を狙って，インド洋，太平洋，大西洋といった大洋をも越えていく【越境】活動が活発化していきます。13世紀にはチンギス・カンがモンゴル帝国を興し，朝鮮半島からカスピ海までを支配するに至ります。そして，金・銀が新たな動機となり，バスコ・ダ・ガマ，コロンブス，マゼランに代表されるヨーロッパの大航海時代が始まります。キリスト教やイスラム教といった宗教の布教も，【越境】の原動力といえるでしょう。【越境】による冒険で歴史が形づくられていったのです。

室町・安土桃山・江戸時代は海を越えた【越境】があまりなさそうなイメージですが，遣唐使の廃止以来途絶えていた中国，朝鮮との国交を結んだり，琉球（沖縄）は東アジア交易の結節点としての位置づけを明確にしたりしていきます。民間レベルでの【越境】が行われていたことになります。また，ヨーロッパの大航海時代の影響は日本にも及んで，16世紀にはフランシスコ・ザビエルが織田信長に謁見しています。17世紀半ばに徳川幕府は鎖国政策をとり，オランダや中国との交易は正式には長崎の出島に限られました。ただ，世界が【越境】により"開いていく"動きに抗えるはずはなく，18世紀後半から19世紀中頃にかけて，フランス，ロシア，イギリス，アメリカなどの艦隊が次々に日本を訪れ開国を迫ることになります。

19世紀から20世紀は植民地化とその開放の時代ということができます。植民地政策は16世紀の大航海時代に端を発したといえそうですが，19世紀にその勢いを増します。ヨーロッパ諸国やアメリカ，ロシアなどは，【越境】して領土を拡大することに専心していきます。本国から移住者が【越境】することにより，国土を増やしていったのです。

20世紀後半から現代にかけて，【越境】は地球すら越えます。宇宙への【越境】です。1969年7月20日，アポロ11号のアームストロング船長とオルドリン操縦士が月に降り立ちます。究極の【越境】です。

このように，人類は，組織秩序化と組織の【越境】を繰り返してきたのです。

狩猟，農業，布教，香辛料，金・銀，交易，領土拡大，【越境】は時代によって様々な思惑を孕みますが，いずれにせよ，人類は自律的に境界を越え，【越境】することで進化してきたのではないでしょうか。

現代の【越境】の様相

現代に話を移しましょう。日本では，社会人になる前までの学生時代に，自分の居場所が変わる場面が沢山あります。子供の頃の習い事，小学・中学・高校・大学等への進学，その中での部活動や生徒会活動，ゼミ・クラブ等への参加，就活等の機会です。明らかに居場所が変化します。【越境】です。A地点から境界を越え，B地点に立脚点が変わるのです。この【越境】行動により，人は新しい世界・次の世界に入っていきます。出会いと別れが頻繁にあるのです。

このときの【越境】は，学校教育という社会システムに則って，半ば強

制的に促されます。6・3・3・4年制を基軸にすると，6歳から16年間
にわたって何回かの【越境】をしていることになります。クラス替えが行
われることを考えると，ほぼ毎年何らかの【越境】をしているともいえま
す。席替えも同様です。そこでは自分の意志はあまり反映されず，他律的・
自動的・強制的に【越境】します。我々は定期的にくる【越境】の機会を
肯定的に捉え，自分の可能性を信頼し，未来に希望を託し，【越境】して
いたのではないでしょうか？

　社会人はどうでしょうか？　自我が確立する学生時代の16年間のジェッ
トコースターのような【越境】の連続と比べると，企業に参加して仕事を
し始めると，居場所がかなり固定的になります。与えられた業務に習熟し，
組織のルールや規範，意思決定の基準値や作法を覚えなければなりません。
そして，与えられた仕事を頑張れば頑張るほど，現在の居場所の常識に囚
われていきます。常識化はコミュニケーション・コストを下げようとする
組織側の要請でもあります。会社や仕事に慣れていくにしたがって，どん
どん居場所が心地よくなります。タコ壺に入り，容易に出られなくなりま
す。

　しかも，クラス替え等の【越境】が頻繁に行われた学生時代と異なり，
人事異動などの他律的・自動的・強制的な【越境】機会は意外と少ない。
【越境】させるとコミュニケーション・コストが増えるため，1つの仕事
に習熟してもらうほうが，会社にとって都合がよく効率的だからかもしれ
ません。"組織は常識を作りこむ装置"というのはこのことです。

【越境】とは，変化に対応すること

　こうして【越境】を振り返ってみると，その行為は環境の変化に対応す

ることだと分かります。境界をつくり，組織内で秩序をつくり，コミュニティが閉じていくと，コミュニケーション・コストが低減され，"楽な"世界になっていきます。極端な例が，"風呂・飯・寝る"といった噴飯もののコミュニケーションでしょう。

　一方で，月日を重ねていくと，組織内での矛盾や外部環境との何かしらのズレ・乖離が加速していきます。境界内の人口が増え食料が不足する，資源を求めて行動する，境界の外側で主義主張が異なる人たちが増加し危険が迫る，経済発展の延長で組織を開く要請が強まる…，これらは全て組織内／外の環境の変化とその対応ということができます。

　現代ではどうでしょう？　所属する企業が時代遅れになりつつある，今の仕事が AI に置き換わる，思わぬ競合企業やサービスが台頭する，産業構造の大きな変化に対応できていない，日本が"安い"国になってしまった…。これらも我々が普通に生活している中で起きている環境の変化です。変化への対応が何かしら求められていることが分かります。変化対応のために【越境】は必然であり，【越境】支援が必要ということができます。

【越境】支援の出番

　さあ，【越境】支援の出番です。

　【越境】とは，変化に対応すること自体であり，ガラパゴス化の状況から脱する手段です。境界内のタコ壺は安全で安心です。一方，世界の海は激変しています。ぼーっとしていていいのでしょうか？

　個人は，ぬるま湯に浸かってマンネリに陥った状態のままで，新たなチャレンジをしなくなることを避けるべきです。組織は，境界内に閉じて縮小均衡しないようすべきです。個人も組織も，【越境】して外部環境の

変化に対応して，成長・前進する必要があるのです。

　大事なのは最初に【越境】の一歩を踏み出す人の出現ですが，絶対的に必要なのは，彼等の【越境】を後押しする組織・仕組みです。孤独なファースト・ペンギン*のみに，ただでさえ難度が高く見返りが少ないかもしれない【越境】を委ねてはいけません。【越境】を支援する思想や目的，戦略や具体的な制度，運用方法や評価といったことが必要です。それらがあって初めて，新しい分野であってもリスクを恐れずに，先陣を切って【越境】する人が現れ，リーダーになっていくのです。

　　　*ファースト・ペンギン：集団で行動するペンギンの群れの中から，天敵がいて危険かもしれない海へ，餌である魚を求めて最初に飛び込むペンギンのこと。転じて，リスクを恐れず初めてのことに挑戦する人を指すようになった。

【越境】しやすい時代

　昔の【越境】は一大事であり大冒険だったと思います。大洋を渡る【越境】はまさに命懸けだったでしょう。しかし，現代の【越境】はハードルが低い。【越境】しやすくなっているのです。

　働く場所を考えてみましょう。オフィス内ではフリーアドレス化が進んでいます。〇〇部□□課はこの場所，という物理的境界がなくなりつつあります。シェア・オフィスもそこかしこにつくられています。会社によってはオフィスを全廃したところすらあります。オフィス自体の概念が大きく変わってきているのです。こうなると，オンラインのメリットを最大活用した【越境】がごく普通に行われるようになります。

　働く時間はどうでしょう？　以前から事務職を中心にフレックスタイム

制は浸透していました。2010年代になり次第に在宅勤務も進んできました。テレワークではプライベートからパブリックに軽やかに【越境】できます。通勤ラッシュも一時期に比べて緩和しているようです。ワーケーション*が進み，休暇しながら緩やかに仕事をすることができるようになりました。時間的自由度が高まり，仕事とプライベートの【越境】がしやすくなっています。

　　　＊ワーケーション：「ワーク」と「バケーション」を組み合わせた造語。普段
　　　　の職場を離れて，リゾート地や観光地などで主にオンラインで働きながら休
　　　　暇を取ること。

　働く相手を考えてみます。コロナ禍前は出勤して職場で働くことがごく普通でした。対面で集まり，打合せや会議をしたり，研究・開発に勤しんだり，顧客を訪問したりしていました。これらはみな，クラスター*といえます。クラスターはコロナ禍ですっかり悪役になってしまいました。そこで，デジタル・クラスターの出番です。デジタル・クラスター，即ちオンライン上の集団であれば，感染する心配はありません。どんどん【越境】して，デジタル・クラスターをつくり，コミュニケーションを重ねるべきです。

　　　＊クラスター：同種のものや人の集まり，群れ，集団の意。元々は花やブドウ
　　　　などの房を指した。

　働き方が大きく変わってきています。例えば副業や兼業。大手企業でも認めるところが増えています。兼業は今の仕事をしながら別の仕事へ【越境】することともいえます。また，ボランティアやプロボノ*も【越境】の1つといえるでしょう。

＊プロボノ：社会的・公共的な目的のために，職業上のスキルや経験を活かして取り組む社会貢献活動。「公共善のために」を意味するラテン語「Pro Bono Publico」を語源とする。

　外的環境の変化も，【越境】のハードルを下げる要因といえそうです。天下泰平の時代は既に過ぎ去っています。高度経済成長はとうの昔に終わり，バブルも一瞬で過ぎ去り，バブル崩壊からずっと低成長の時代を我々は過ごしています。失われた20年どころか，30年が過ぎ去ろうとしています。そんな中，外部環境は急激に変化してきています。急速なグローバル化，インターネット時代の到来や生成AIに代表されるテクノロジーの進化，カーボン・フリーをはじめとする環境対応，急減する日本の人口，急増する途上国の人口，働き方改革，ダメおしのように襲ってきたコロナ禍…，変化の事象は枚挙にいとまがありません。

　我々にとってごく馴染みがあり，日本の成長を支えてきた3種の神器といわれる雇用慣行や新卒一括採用といった仕組みそのものが上手く機能していません。安心・安定・着実・確実な仕事は1つもないと言ってもいいでしょう。どんな仕事も自律的な進化・変化が求められています。自分の身の周りがこんなに大騒ぎしている時代はありません。

　現代は【越境】しやすい時代であり，【越境】せざるを得ない時代ということもできるでしょう。

個人が【越境】しなくなったのは組織の責任？

　働く場所，働く時間，働く相手，働き方，外部環境，これらの変化は【越境】を促すことはあれど，妨げるものではありません。現代はとても【越

境】しやすいのです。このこと自体に我々は薄々気づいています。「自律的・能動的・自発的な【越境】行動で立脚点や居場所を変えることで成長できそうだ」，こう思っている人は多いと思います。

でも，多くの人は【越境】しない。実際の【越境】行動の前には壁が存在するからです。壁を頑強せしめているのが，過去に非常に上手く機能した日本的雇用慣行の3種の神器です。終身雇用でずっと境界内にいて構わないとし，年功序列で年次を重ね，歳をとるごとに給料が上がり，企業内労働組合で労使一体の協調経営を行う。これに新卒一括採用の仕組みが加わり，「タコ壺の中にいてくれれば一生面倒みるよ」と言わんばかりの状況がつくられました。こうなると，【越境】の合理性が失われます。自律的・能動的・自発的に境界を越えて次の居場所に移ろうと思う人は極少です。

「Japan as No. 1」でエズラ・ヴォーゲル＊が称賛したこの仕組みは，主に高度経済成長期に有効に機能しました。凡そ半世紀前の話です。21世紀になってもこの過去の遺物を引きずっている日本は，残念ながら多くの意味で"安い国"になってしまっていまいました。

> ＊エズラ・ファイヴェル・ヴォーゲル (Ezra Feivel Vogel, 1930〜2020年)：アメリカ合衆国の社会学者。中国と日本を筆頭に東アジア関係の研究に従事した。代表著作に『ジャパン・アズ・ナンバーワン』(1979年) がある。

"この日本の，この時代ならではのチャンス"を使わない手はありません。ただし，そこには明確な【越境】支援が必要です。学生時代にあったような他律・自動・強制的とまで言わないまでも，【越境】したい人の背中をポンっと押してあげるサポートをするべきです。【越境】の機会やきっかけをつくるのです。それは，社員にとってありがたいことです。居心地のいい境界内で過ごしてきた，なかなか動かない人を，有機的／立体的／組

織的に支援してあげるのです。人を動かして，その人が動くようになります。それは人事部の役割です。

個人の【越境】には組織の支援が必要

そこで，組織の出番です。組織側（主に人事部）は，社員の【越境】を促進させるべきです。"可愛い社員には【越境】をさせよ"です。仕組みや制度・方法を準備して支援し，社員の【越境】を実現させる必要があります。本書の主語は組織側であり人事部です。人事部が【越境】を促し後押しをしながら，社員側が自律的・能動的・主体的に【越境】する。その両立が，組織や企業の変化対応力を高めることになります。その延長にイノベーションがあります。組織は【越境】戦略を立てるべきだと思います。

それは，にわとりとタマゴ的な議論でもあります。どっちが先かということも大事ですが，双方不可分なものとして【越境】を推進するべきと思います。特に閉鎖的な雇用慣行のイナーシャ（慣性）が残る日本企業にとっては，個人と組織（人事）の相克による変化の醸成が必要です。そして，相互の WIN-WIN な状況を意図的に創り出すことが肝要です。

両利きの経営*では，知の探索，即ちできるだけ遠くに跳ぶこと（越境）が大事とされます。多くの企業が知の深化，即ち既存事業推進に傾斜していくので，組織内イノベーションが進まないと言及しています。この両利きの経営は，企業（経営者）が主体者となります。

ここで扱うのは，両利きの経営の個人版ということでもあります。知の探索と知の深化を個人で実現すること，つまり個人が両利きの経営を推進することでもあるのです。二刀流とでもいっていいでしょうか？　二刀流の軸足をどちらに置くのかは，各々が決めればいいと思います。それを人

事部が支援するのです。

> ＊両利きの経営：既存事業を安定成長させながら，イノベーションも同時に行う組織学習の概念。簡潔にいうと「守りと攻めの経営の両立」。チャールズ・Ａ・オライリーとマイケル・Ｌ・タッシュマンによる著書『両利きの経営―「二兎を追う」戦略が未来を切り拓く』で提唱された。既存事業を成長させていくには「知の深化」が，イノベーションを生みだすには「知の探索」が必要と論じる。

【越境】の対象領域について

【越境】の主体者はあくまで人です。本書でも，【越境】を人の行為として扱います。一方で，【越境】は何かしらの境界を越えるということと捉えると，概念の【越境】もあると考えました。人材マネジメントの【越境】や，求める人物像の【越境】といったことです。"組織は常識を作りこむ装置"と書きましたが，概念にも何かしらの常識や認知の枠組みがあると思います。常識に囚われずに物事を考える場合には，概念自体にも【越境】的要素を加えることが必要と考えました。よって，本書内では一般的には普通ではないことや非常識な問題提起をすることもあります。そうすることで，元々の概念の姿が顕わになることもあると思うからです。

ここからいよいよ，具体的な【越境】支援の考え方や方法について言及していきます。

2

企業経営のダイナミクスから【越境】を考える

【越境】を考える際の視点

　【越境】という人間の基本的営みについて振り返ってきました。では，"可愛い社員には【越境】をさせよ"についての論を進めていきます。

　社員には【越境】させるべきであり，その支援を人事部が中心となり行う必要があるとの主張を解説するにあたって，先ず，そのメインフィールドである企業経営について考えてみます。企業経営，即ちマネジメントとは何かについて理解を促すために，企業経営のダイナミクスの図を使います（**図①参照**）。

[図①] 3つの市場をめぐった企業経営のダイナミクス

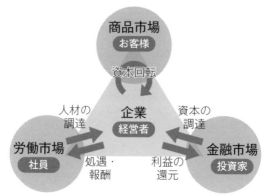

出所：筆者作成

経営とは，企業と3つの市場とのコミュニケーション

　企業経営の主体者である経営者は，金融市場から資本を調達し，労働市場から労働力を調達し，人と金の力を活用して資本を回転させ，商品市場に対して価値を提供し対価を得ます。得た対価を金融市場の投資家や株主に対して配当や株価の上昇等で報い，労働市場に対しては金銭的／非金銭的報酬を支払うことで報いていきます。

　企業を取り巻くこれら3つの市場（金融市場／商品市場／労働市場）と最適なコミュニケーションをすることが，経営者の仕事です。これがマネジメントの本質的な仕組みです。

3つの市場は変化している

　ここでポイントとなるのが，企業が相対するこの3つの市場は日々変化しているということです。金融市場にいる投資家の企業に対する投資判断基準は変化し，労働市場にいる労働者の労働観は以前とはずいぶん変わり，商品市場にいるお客様の消費性向や趣向は多様化しています。

　企業経営は，この外部環境としての3つの市場の変化に対応することといえます。時代はVUCAを叫び，変動性（Volatility）・不確実性（Uncertainty）・複雑性（Complexity）・曖昧性（Ambiguity）が増しています。この変化に適時，的確，適切，丁寧かつスピーディに対応しないと，企業成長は覚束ないものになるでしょう。さらに，どれか1つの市場にのみコミュニケーションを傾斜配分してしまうと，全体のバランスが崩れ，継続的な企業成長は望めないでしょう。3つの市場の変化をバランスよく掴んで対応することが何よりも必要です。そして，企業経営者は日々それを行っているといえます。

　【越境】の主体者である社員は，ここでいう労働市場（特に自社内労働市場）ということになります。【越境】支援をするのは企業側です。その企業側から労働市場へ働きかける最適なコミュニケーションはどうあるべきかを，【越境】をキーワードにして掘り下げていきます。

　その本論に入る前に，3つの市場と企業とのコミュニケーションの変化とそれに伴う【越境】の必要性について，ごく簡単に説明しておきます。

3

金融市場と企業とのコミュニケーションでは【越境】が必須

金融市場と企業とのコミュニケーションとは？

　金融市場と企業とのコミュニケーションは，資本調達活動と利益の還元です（**図②**参照）。

[図②] 金融市場と企業とのコミュニケーション

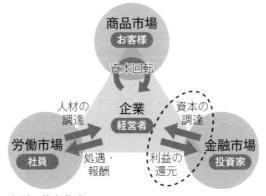

出所：筆者作成

資本調達活動とは？

資本調達活動は，金融市場の環境が変わることで変化します。では，資本調達活動とは何でしょうか？

資本調達とはごく単純化すると，

- ✧ 企業が投資家から，
- ✧ 資本を調達し，
- ✧ 事業活動で収益を上げ，
- ✧ 利益の一部を，配当や株価の上昇等で投資家にフィードバックすること

ということができます。

環境経営の台頭と投資判断基準の変化

投資家というと，企業に投資することで売買益や配当金を得て生計を立てる"容赦ない"イメージがありますが，最近は，投資先の企業が成長し市場価値を高め社会に貢献することを，長期的な投資の目的にしている人も多い印象です。その証左として，企業の新しい評価基準が近年登場しています。ESG投資です。ESGとは，E（Environment：環境），S（Social：社会），G（Governance：企業統治）の略であり，環境に配慮している経営をしているか，社会的に共感される経営をしているか，企業の管理・統治を正しく行っているか，を前提に置いて行う経営をESG経営といいま

す。ESG経営を推進しているか否かに投資判断基準を置いたものが、ESG投資ということです。

その中でも近年、Eの軸が特に注目されているようです。2023年7月に国際連合のグテーレス事務総長が、「地球温暖化の時代は終わり、地球沸騰化の時代が到来した」と述べました。地球沸騰化とは地球温暖化とは比べものにならないほどの極端な気温の上昇のことであり、その主因はCO_2を含む温室効果ガスといわれています。CO_2は、主に石炭や石油を燃やすことによって排出されています。世界の温室効果ガス排出量の80％を、日本を含むG20が排出しているといわれており、その削減は待ったなしの状況です。企業としても、E、即ち気候変動対策をより加速化する必要性に迫られています。

企業が発展・成長しても、環境自体が持続していかなければ意味があり

[図③] 環境経営のダイナミクス

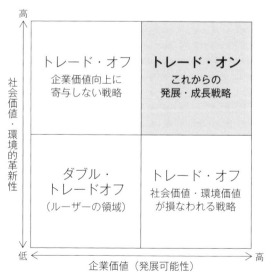

出所：ピーター・D・ピーダーセン著『レジリエント・カンパニー』

ません。企業の成長と環境対応の両立こそが，これからの企業に求められることと言っても過言ではないでしょう。それは，**図③**のトレード・オンの領域を目指すことによって実現されます。そして，投資家も長期的な企業価値の向上を図るために，ESG 投資に拍車をかけていくことが予想されます。企業の発展・成長は，地球環境の存続が大前提であるということを，投資家も企業経営者も，もはや普遍的なものとして理解しています。投資判断基準が今までとは大きく異なってきているのです。

　このように，資本市場とのコミュニケーションの様相は大きく変化してきています。変化対応は企業経営の要諦であり，それは金融市場との間でも実行されなければなりません。環境経営に舵を切ることは，資本市場をめぐる【越境】戦略といってもいいでしょう。

4

商品市場と企業とのコミュニケーションには【越境】が必要

商品市場に対して価値を提供する事業活動とは？

　商品市場に対峙する領域としての事業活動を考えてみます。図④を参照してみてください。

[図④] 商品市場と企業とのコミュニケーション

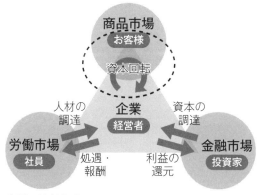

出所：筆者作成

事業活動を徹底して絞り込んで考えると，以下の4つに尽きるということができます。

- ✧　顧客に対して，
- ✧　価値を提供し，
- ✧　収益モデルを確立し，
- ✧　競合優位性を担保する

　この一連の活動を，**図④**では資本の回転としています。企業は，商品市場に対して価値を提供し，お客様から対価を獲得することで，資本を回転させなければなりません。少し掘り下げていきます。

顧客の圧倒的減少に直面する日本

　事業活動をする以上，顧客，即ちお客様が必要です。顧客が企業のこともあれば（B to B），顧客が一般市民（B to C）のこともあるでしょう。政府や自治体を相手に事業活動をしているケースもあります（B to G）。いずれにしても，価値を提供する相手がいなければ事業にはなりません。

　事業活動での相手が誰であれ，最終的な顧客は人であり，人口が影響してきます。国内市場を考えたとき，この200年くらいのスパンでみると人口の急増・急減の状況にあることが明白です。1900年の日本の人口は約4,300万人です。日本の人口のピークは2004年で約1億2,700万人。国立社会保障・人口問題研究所の予想だと2100年の人口は中位推計でも約5,000万人です。つまり，日本は大体100年前に今の三分の一だった人口が100年間で3倍になり，今後100年で三分の一に戻るのです。顧客の主体である

人間の数がこれだけ激変する国も珍しい。

一方，世界ではどうでしょうか？　1900年の世界の人口は凡そ16億5,000万人。現在は約80億人。2100年の世界の人口予測は109億人となっています。顧客としての人の数はこれほどまでに変化していくのですから，おのずと変化対応が必要です。

顧客に対して提供する価値自体が変化

次に，顧客に対して提供する価値が必要です。顧客が何を買っているのか？　ということです。製品のこともあれば，サービスもあるでしょう。いずれの場合も顧客は，企業から提供されたモノで何かしらの価値を得ているのです。顧客にとって，課題が解消される「何かいいこと」が得られる必要があります。この「何かいいこと」は時代とともに変化します。その時々の時代背景，政治状況，経済状態，文化の様相などによって，当該国の国民の求める課題を解決する「何かいいこと」は違います。人が持つ課題や，解消したときに得られる「何かいいこと」が何十年も変わらないということは考えにくい。また，顧客は日本のみならず世界中にいます。したがって，顧客が求めること，即ち提供すべき顧客価値も変化させる必要があります。

どうやって儲けたらいいのか？　も変化

収益モデルも同様です。事業活動はボランティアではありませんので，何かしらの収益（利益）を得る必要があります。いいモノをつくって売る，

という単純で線形な収益のあげ方に加えて，現代は様々なビジネスモデル＊が登場しています。アズ・ア・サービス，シェアリング，マッチング，サブスクリプション，マイレージモデルなどのような多種多様の儲け方があり，日々進化し続けています。顧客の嗜好や提供価値が変化する中で，どのようにして永続的に収益をあげるのかについても変化させなければいけません。

> ＊ビジネスモデル：どのように価値を創造し，顧客に届けるかを論理的に記述したものであり，事業開発における設計図。ビジネスモデルを可視化するための代表的なフレームワークとして，アレックス・オスターワルダーとイヴ・ピニョールが提唱したビジネスモデルキャンバスがある。

異種の競合が登場するので，競争優位のポイントも変えるべき

　最後が競争優位性です。提供される価値は，他社に対して何かしらの優位な点がなければいけません。性能や品質，ブランドイメージや価格，他社に対する競争優位性の観点は様々あろうかと思います。イノベーション界隈では，UVP（Unique Value Proposition／独創的な価値の提案／独自性）という言葉がよく使われます。他社が簡単に真似できるようなものであれば，独創性とは呼べません。競争優位性をつくるポイントは，唯一無二（One & Only）ということでしょう。その市場に競合が参入してくる時の障壁が高ければ高いほど，持続性がある事業を展開できることになります。この競争優位性も，競争相手が進化する前提で考えると，変化が必要です。

以上のように，顧客／提供価値／収益モデル／競争優位性の４つが，商品市場に相対する際に考えなければいけない必要最小限のコトです。これらは，商品市場が急激に変わっている以上，変化・進化させなければなりません。それぞれに【越境】が必要ということができます。

市場を変え，提供価値や製品を変えることの必要性をアンゾフのマトリクス〜多角化戦略〜で考える

商品市場の変化に対応し，持続的成長を促す１つの方法が多角化戦略です。新たな価値・製品をつくったり，新たな市場に進出したりすることで，成長を実現するための戦略です。事業の【越境】戦略といってもいいでしょう。その説明にはアンゾフ*のマトリクス（**図⑤**参照）が分かりやすい。多角化をどのように推進するのかを考えるごく基本的なフレームです。

*イゴール・アンゾフ（1918〜2002年）ロシア系アメリカ人の応用数学及び経営学者。「戦略的経営の父」として知られる。成長戦略を可視化したフレームワークの「アンゾフの（成長）マトリクス」考案者。

[図⑤] アンゾフのマトリクス

		製品	
		既存	新規
市場	既存	市場浸透	新商品開発
	新規	新市場開拓	多角化

- - - - 境界線

「市場浸透」は，既存市場で既存の製品やサービスを，顧客に徹底して提供する戦略を指します。「新商品開発」は，既存の市場に新製品や新サービスを投入して成長する戦略です。「新市場開拓」は，既存の製品・サービスを，新たな市場に投入して事業拡大する戦略です。「多角化」は，新しい顧客に新しい製品やサービスを提供することであり，以下の4つの方法があります。

① 水平型多角化戦略

水平型多角化戦略とは，自社が保有する技術を活用し，既存事業と親和性の高い分野で事業を拡大する戦略です。既に保有している技術や販売チャネルを活かせるため，新たな設備投資などの負担を軽減できます。また，既存事業と親和性が高いため，シナジー効果も期待できます。

② 垂直型多角化戦略

垂直型多角化戦略とは，新たな技術を獲得し，既存事業のバリューチェーンの上流もしくは下流の領域に進出し，成長拡大を狙う戦略です。既存事業に近しい市場を対象とするので，信頼関係がある既存顧客や既存取引先にアプローチしやすいメリットがあります。

③ 集中型多角化戦略

集中型多角化戦略とは，自社が既に保有している技術・スキルを活用して，既存事業との関係性が少ない新市場に進出する戦略です。自社が蓄えてきた技術や経験，ノウハウなどの経営資源を活かせることがメリットです。

④ 集成型（コングロマリット型）多角化戦略

集成型（コングロマリット型）多角化戦略とは，既存事業とは全く異なる新市場に参入する戦略です。新たな事業の柱を構築できるメリットがあります。

商品市場の外部環境変化に対応する多角化は
全ての企業に必要か？

　さて，このような外部環境変化に対応する多角化は，全ての企業にとって必要なことなのでしょうか？　商品市場が変化するので，企業はその対応をするべきと書いてきましたが，創業以来長い歴史を持つ企業は，本当に外部環境変化に対応して生き続けているのでしょうか？　それとも，本質的価値は変わらないので，変化対応をせずとも継続できるのでしょうか？　結論からいうと，全ての企業に商品市場における変化対応は必要です。

　では，極端に歴史が長い企業の例を見てみましょう。

　794年創業の奈良県にある五位堂工業株式会社は，鋳物製造を行っています。794年と言えば平安京へ遷都した年です。創業以来，鍋，釜，農業機具などの生活必需品や，寺社が多い奈良の土地柄をいかした釣り鐘などの鋳造もしていたようです。この五位堂工業社，現在はなんと工作機械やエンジン部品も生産しています。まさに，環境変化に対応した多角化，【越境】を推進しているのです。

　885年創業の田中伊雅仏具店は京都府にあります。真言宗や天台宗など各宗派の仏具を製造している会社です。以前の同社のカタログには3Dメガネが添付されていました。仏具が飛び出すように立体的に紹介されていたそうです。現在，同社のウェブサイトでは，VR技術を活用した仏具ムービーを視聴することができるようです。究極の外部環境変化対応といってもいいでしょう。

　創業数百年を誇る企業も，このように【越境】しています。ごく一部の

企業を除くと，多角化の対応は必須といえるでしょう。商品市場が固定していて動かない，言い換えると顧客のニーズが全く変わらない，ということがないからです。

過去の多角化の反省点とあるべき方向性

　補足として少し気になることを挙げてみます。過去の多角化の反省です。バブル時代に不動産事業に進出して多角化を図った企業は多かったと記憶しています。バブルが崩壊し，多角化が企業の足を大きく引っ張り，中には清算に追い込まれたところもありました。このようなことのある種の反省的な合言葉として，「選択と集中」が幅を利かせてきたのだと思います。このバブル崩壊の苦い記憶が，「選択と集中」と「多角化」の二項対立の図式を生んでしまった。多角化は悪で，企業は選択と集中に徹するべきだ，という空気が蔓延していたのかもしれません。一方で，同時代にGAFAM を始めとする多角化企業が大きく成長して，世界での存在感を圧倒的に高めたのも事実です。日本企業は，多角化において世界から取り残されたと言っても過言ではないでしょう。

　では，あるべき多角化とはどんなものでしょうか？「市場・顧客」と「提供価値」の両方とも変えて【越境】することが多角化ですが，【越境】の基準をつくるべきなのかもしれません。基準であるべきは，企業理念であり，パーパスです。なぜ事業活動をしているのか？　何を実現したいのか？　ということです。その基準に照らして，「顧客・市場」と「提供価値」の壁を越えるべきかどうかを決めるといいかと思います。そうすることで，「選択と集中」と「多角化」の両立が可能となります。

商品市場は変化します。変化する市場に対して企業側も対応しなければいけません。多角化は市場の変化対応の一例といえます。

以上のことから，商品市場とのコミュニケーションも【越境】しなければいけないことが分かると思います。

5

労働市場と企業とのコミュニケーションでは【越境】は必然

　企業をめぐる3つの市場とのコミュニケーションが企業経営であり，資本市場，商品市場とのコミュニケーションに【越境】が求められていることを記しました。特に商品市場との関係が急変しているため，その変化は必要であり，その様相を厚く書きました。イメージが深まったかと思います。

　さて，いよいよ本書の主題である労働市場とのコミュニケーションについて，【越境】をめぐって掘り下げていきます。図⑥を参照してください。

[図⑥] 労働市場と企業とのコミュニケーション

出所：筆者作成

労働市場とのコミュニケーションの要諦は
人材マネジメント

さて，労働市場（主に自社内労働市場）と対峙してコミュニケーションする活動とは一体何でしょうか？　それは，人材マネジメントです。よく聞くこの言葉を，自分なりに分解してみました。

人材マネジメントとは，

- ◇　現在及び将来の社員に対して，
- ◇　仕事（ジョブ）を提供して，
- ◇　仕事（ジョブ）が達成されるように社員の価値（スキル）を高め，
- ◇　仕事（ジョブ）を完遂させ，
- ◇　企業のミッション／ビジョンを実現し，バリューを高め，収益をあげ，
- ◇　社員に対して報酬（金銭的／非金銭的）を提供する活動

としてみました。ごく単純化すると，人材マネジメントとは"人にどう働いてもらうか？"の問いに対する答え，といえます。"働いてもらう思想と方法"といってもいいかもしれません。

この労働市場とのコミュニケーションの要諦である人材マネジメントが，労働市場自体の変化と相まって変わってきています。いえ，変わらざるを得ない状況になってきている，といったほうが正確かもしれません。資本市場や商品市場の変化と同様，もしくはそれ以上に変化してきているのです。その変化の様相を探っていきます。

労働市場の変化

雇用システムの限界

　エズラ・ヴォーゲルが，『Japan as No. 1』で世界に対して，日本という
システムの秀逸さを訴えたのは1979年のことです。太平洋戦争が日本の敗
戦に終わったのが1945年なので，わずか34年後に，既に GDP 世界第2位
の経済大国に成長していた日本の秘密を解き明かしたことになります。集
団としての知識創造に始まり，政府，政治，大企業，教育，福祉，防犯と
いった領域で，システムとしての日本の秀逸さを解きほぐし，西洋は東洋
の小国であり敗戦国だった日本から多くを学ぶべきと主張しました。

　その中で，終身雇用・年功序列・企業内労働組合の3種の神器と，新卒
者の一括採用について称賛しています。高度経済成長を成し遂げた当時の
日本では，この雇用システムは極めて有効に機能しました。「うちの会社
でずっと働いてくれれば，悪いようにはしない」という感じでしょう。組
織は社員を "タコ壺" の中に閉じ込めて，社員は "ぬるま湯" に浸かって
いれば，労使協調型の経営と相まって双方ともに安泰で，経済成長も得ら
れていたのでしょう。人口や世帯数が増えた時代には，凝集性を強く求め
る自己組織化が機能したということができます。ただ，エズラ・ヴォーゲ
ルが礼賛したこの雇用システムは，現代では制度疲労を起こしており，そ
のことに異を唱える人は少ないと思います。雇用システム自体に【越境】
が求められているといえます。

働き方の変化

　労働市場側の働き方に対する考え方も大きく変化しています。バブル真っ只中の1989年に大ヒットした栄養ドリンクのCMで使われた『勇気のしるし』は，高度経済成長期からバブル期の，ある種野蛮な労働観を示しています。勿論テレワークはなく，職場にいる時間，仕事をしている時間が生活の中で圧倒的な割合を占めていました。昭和や平成の前半に就業を開始した人たちは，同じような就労環境にあったかと思います。

　働き方改革が叫ばれるようになったのはいつ頃からでしょうか？　法制度として施行されたのは，実は意外と最近の2019年です。時間外労働時間の規制，同一労働同一賃金，勤務時間インターバル制度，高度プロフェッショナル制度，産業医・産業保健機能の強化，フレックスタイム制度の拡充，割増賃金率の引き上げ，待遇に関する説明義務の強化，労働時間の把握の義務化，などがその内容です。21世紀になって約20年を経て，政府が労働市場側の変化を踏まえ，働き方の基本的有り様を規定したわけです。この「働き方改革法案」（正式名称：働き方改革を推進するための関連法律の整備に関する法律）の主眼は，日本で労働者が働き方を選べるようにすることでしょう。多くの人が差別されることや不利な条件で働くことがなくなることで，日本全体での社会的な生産性を上げる狙いもあると想起します。このような法整備が必要になるほど，この数十年で労働市場側の変化が進展してきました。多様な働き方がごく一般的になってきたのです。それは【越境】と親和性が高いといえます。近年では，コロナ禍が拍車をかけたといえます。テレワークが前提の企業や職種もずいぶんと増えてきました。『勇気のしるし』の時代の働き方は，その残滓すらないといえます。

　高度経済成長，バブル，バブル崩壊，インターネット時代の到来，リーマンショック，低成長，コロナ禍などの環境変化を受けて，労働市場の環

境変化は着実に進展してきました。変化には対応していかなければなりません。因みに，2014年に『勇気のしるし』は新バージョンが発表されています。シンガーソングライターの川本真琴氏が歌うその歌詞は，「24時間働くのはしんどいので，3，4時間働きます」となっています。労働市場の変化の象徴ということができます。働き方改革がこれだけ叫ばれている現在，働き方も【越境】しているのです。

労働観の変化

働く人の仕事に対する考え方も変化しているようです。雇用システムの根底にある労働観も，安全・安定・安心を前提に形づくられてきました。いい学校（大学）に入学し，いい会社に就職し，言われたことをソツなくこなし，定年まで安泰なサラリーマン人生を送り，リタイア生活を全うしていく，といった人生をイメージし実現してきた人は多いと思います。キャリアイメージは富士山型といってもいいでしょうか？ 裾野から登り始めて，右上がりのキャリアを歩み，順調に昇進・昇格し，給料も上がり，社員として会社に完全に守られ，仕事を成し遂げて，緩やかに下山し，退職後穏やかに過ごし，キャリアを閉じていく。会社がキャリアの本筋であり，線形の流れを経る感じです。自分の会社以外の世界は殆ど知る機会がなく，【越境】の機会もあまりなく，ガラパゴス化の仕組みのど真ん中にロックインされてしまいます。日本全体が1つの仕組みとして成長していましたので，この富士山型のキャリアには意味がありました。つまり，中途半端に【越境】しないことが最も合理的な選択だったのです。余計なことをしない，自分で考えることをしない，自律しない，言われたことをボチボチやる，このようなことが大過ない人生を送るためには有効だったのです。リスクヘッジの最たるものということができます。

バブル崩壊に端を発した外部環境の変化が，この盤石に思えた労働観に

疑念を生じさせます。大手企業が潰れたり，大規模な人員整理を行わざる
を得なくなったり，事業の構造改革に着手したりし始めます。そうなると，
自分は？　自分の仕事は？　自分の会社は？　一体どうなる？　と考えざ
るを得なくなる。会社に依存していること自体がリスクになります。自分
は何がしたいのか？　自分は何ができるのか？　自分は何をすべきなの
か？　いい会社＝大企業だった時代は，会社はなくならないもの，すがる
場所，というイメージでした。しかし，会社がなくなることもあるという
事実を多くの人が知ります。依拠する場所として頼り切っていいかどうか
分からなくなってきます。富士山型のキャリアイメージの崩壊です。

　そして，1つの会社だけに拘泥されない，多様性のあるキャリアイメー
ジが登場します。1つの会社にとどまる単峰型のキャリアではなく，仕事
や会社の他に，副業・兼業，起業，ボランティア，プロボノ，地域活動，
家庭，といった様々な人生生活が連なって表われる連峰型のキャリアと
いってもいいでしょう。健康寿命を80歳前後と考えると，概ね60歳の定年
から20年くらいをずっとリタイア生活を送るわけにはいかないので，この
考えには共感します。労働市場の中で労働者がかたちづくる労働観も，こ
のように大きく変化してきているのです。労働観は既に【越境】している
のです。

　雇用システム，働き方，労働観がこの数十年で大きく変わってきたこと
は，同時代に生きているとなかなか実感することが難しいかもしれません。
変化は緩やかに進むからです。
　では，もう少し人材マネジメントの各論に落とし込んで，労働市場と企
業のコミュニケーションの変化について記していきます。

採用の変化

　採用は，自社外労働市場の人を自社内に取り込んでいく機能であり行動です。採用の変化の根底にあるのが人口減少です。商品市場とのコミュニケーションの項でも記しましたが，日本の人口減少は加速度的です。当然のことですが，労働人口も減少します。労働人口の代表的指数である生産年齢人口（15〜64歳までの人口）は，2020年の7,441万人から，2040年には5,978万人に減少します（国立社会保障人口問題研究所）。十数年後には約1,500万人の労働人口が消失するのです。このような有り様なので，現状の求人難の状況は悪化することこそあれ，改善することは望みにくいでしょう。新卒一括採用で優秀な学生を採用して，会社の色に染め上げる人材調達は望むべくもありません。中途採用や外国人／シニア層の活用に頼らざるを得ない状態は常態化すると思われます。

　僕が入社してリクルートで採用業務を行っていた1980年代は，多くの企業が採用活動の中心に新卒（の大学生）を据え，他社での業務経験がある中途採用者は，“辞めクセ”があるので好ましくない，という風潮が一般的でした。そして，新卒入社者が，自社の中で昇進／昇格し，幹部になっていくかたちが主流でした。現在も新卒採用を人材の外部調達の主軸におく企業は多いですが，人材の多様性を担保するために中途採用や外国人採用に門戸を開いている企業は大多数です。また，一度自社を辞めた人が他社や他組織を経験し，出戻ることを認めている企業も増えています。同質性が高くどこを切っても金太郎飴の状態を組織の中でいかに回避するのかについて，企業側は真剣に考えて手だてを講じているようです。

　このように，採用領域は，過去から現在にかけて変化し，現在から将来に向かって変化していくものと思われます。こと労働人口に関していうと，

上述した予測はほぼ間違いありません。企業にとって社員は人的資本であり，必要欠くべからざるものといえるので，厳しい局面が続くということです。

一方で，2つの光明が見えます。

1つ目が生産年齢人口です。日本では男性の平均年齢が81.5歳，女性は87.7歳です（2020年）。生産年齢人口の上限である64歳以上の人口は一般的には老年人口といいますが，全人口の約3割となる3,607万人に達しています（2020年）。仮に生産年齢人口の定義を15歳～74歳にまで引き上げると，2040年には2020年比219万人増えるという試算ができます。生産年齢人口の定義はOECDが行っており，世界共通の尺度といえます。一方で，世界的に人間の寿命が延びている中で，人生100年時代ということがごく普通にいわれるようになりました。このシニア層を労働人口として真剣に捉え直すことが，人材マネジメント上でも必要不可欠になってきているといえます。考えようによっては，労働市場とのコミュニケーションは再活性化できるということができます。

2つ目がAIの台頭です。Chat GPTをはじめとする生成AIの登場と普及によって，労働者の生産性効率が劇的に高まっています。仕事の時間効率が上がることで，人はクリエイティブな仕事に今まで以上に多くの時間を割くことが可能となります。採用という領域で考えると，今まで求めていた人材像が大きく変わることを意味します。つまり，人事の7機能（採用／配置・配属／評価／報酬／昇進・昇格／人材開発／代謝）の最初に考えるべき採用領域の量と質が，根本的に変化するということです。採用の【越境】です。

配置・配属の変化

採用したら社員を配置しなければいけません。企業は商品市場とのコ

ミュニケーションをとりながら，資本を回転させて価値を提供し，対価を得る活動をしています。この事業活動の主体者は配置により業務をアサインされた社員が執り行います。以前は前例踏襲された業務を付与するかたちで行われていました。「この仕事をやってください」と言われ，任命された人はその仕事に習熟していきます。現在も勿論仕事は付与されますが，前提が異なる気がします。与えられたことをきちんとやり切るというより，仕事の中で改善や何かしらの変化対応の行動が求められているようです。与えられた業務自体が環境変化によって変わらざるを得ない場合，所与の前提から疑ってかかることを推奨されている気がするのです。配置・配属の考え方も【越境】しています。

評価も変わってきている

評価も変わってきています。ここでの評価，即ち人事評価には４つの目的があります。①企業の目的や目標を社員に落とし込んで伝えること。②公正な処遇／報酬に繋げること。③社員の育成のきっかけ。④適材を適所に配置すること。これを見ると，評価はその前工程の配置・配属や，後工程の昇進／昇格，報酬などの処遇や人材開発の要ということができます。

人が人を評価するので，それは絶対的に正しいということではないでしょう。この人事評価，最近でこそ一人ひとりに向き合い丁寧に行うことが一般的になっていますが，入社して数十年は，同期は全員一律で係長になり，課長になり，ということがごく普通に行われていた企業も多かったと思います。人事評価が機能していなかったといってもいい。全員一律で評価することで，悪目立ちする人がなくなり，どこを切っても金太郎飴の集団をつくるにはいい仕組みでもありました。

外部環境変化に伴う仕事自体の高度化，複雑化と相まって，全員一律での評価が機能しなくなってきます。そこで，MBO に代表される目標管理

制度の導入が進み，人事評価も一人ひとりに向き合うようになりました。人の能力や行動，成果には違いがあるので，ごく当たり前のことといえます。

　また，今までは，目標の達成度で社員の評価がなされてきました。他ならぬ僕も，以前はパフォーマンス（業績）が主体となった評価を受けていました。現在は外部環境の変化を踏まえ，目標ではなくその上位概念である目的を設定することが求められている気がします。自分は会社に対して何を成しえるのか？　に加えて，自分は社会に対してどんな価値を提供するのか？　と言うと大袈裟ですが，そんなイメージです。その目的的なことは，会社側から提供されるのではなく，自ら考え組織と合意をとるべきかと思います。そして，その自律性を活かした目的／目標は，その実現に向けた行動の積極性で評価されるべきかと思います。どれだけ動いたのか？　どれだけ関係者を巻き込んだのか？　どれだけのインパクトを自社内外に与えたのか？　評価のポイントはこのように変わりつつあります。評価の【越境】です。

思考・行動様式も変化

　企業の思考・行動様式にも変化が見られます。以前は成長軌道に則った自社の思考・行動様式に基づいて社員に仕事をしてもらう企業が大多数でした。現在は，より多様性を担保するためにも，自社以外の思考・行動様式を組織の中に持ち込むことは比較的歓迎されているようです。勿論，自社の戦略を推進するためのやり方や作法は大切にされて然るべきですが，商品市場や外部環境の変化が激しく正解が見えない中で，自社のやり方に固執することは非常に危険です。"自社の思想を前提としたフレキシビリティ"とでもいうべき変化対応が，自社内労働市場に求められている気がします。

これに伴い，失敗に対するイメージも変化しているようです。高度経済成長期の日本企業は，事業成長が既定路線であり謂わば“当たり前”だったために，失敗に対しては非常に厳しかった。ちょっとした失敗が査定に響き，社員の行動は慎重にならざるを得ませんでした。現代は違います。外部環境の変化がこれほど激しいと，何をやれば上手くいくのかが分かる人は誰もいません。何かしらの挑戦をしないと成功か失敗かも判断できません。勿論，絶対に大きな失敗をすることを敢えて行うことはダメですが，外部環境に対して行動を起こし，起きたこと・起きていることを把握し，成功か失敗かを判断し，失敗の場合には適宜改善を繰り返して物事を進めるほうが，スピード感があります。PDCA の高速回転です。行動しなければ成功しませんし，失敗もしません。もし失敗ということになれば，修正すれば済みます。昨今はリーンスタートアップといわれていますが，とにかく早く・速く行動することが求められている気がします。思考・行動様式も【越境】が求められています。

管理職の役割も以前とは異なる？

管理職の仕事もずいぶんと様相が異なってきています。以前は市場成長がある程度読めている状況下，仕事を適切に回すことが管理職に求められていました。管理の対象は人や業務・課題，及び自分自身といっていいでしょう。3 年程度の中期経営計画を各企業がつくることに躍起になって，幸いなことにほぼその流れの中で事業が成長してきたため，大量養成された管理職がそれを支えていたわけです。社長を頂点とし，取締役，執行役，本部長，部長，次長，課長，係長，主任，メンバーといったヒエラルキー自体がどんどん大きくなってきたイメージでしょうか？

現在は違います。経営計画がその通りに進むことはほぼなく，VUCA と呼ばれる想定外の出来事が日々起こります。そんな中，必要とされるの

は変化対応できる自律・協働型の管理職です。管理職自身が外部環境変化をどう認識し，どう自律的に対応していくのかが問われる時代です。「上から，本部から言われたことを粛々とやる」ではなく，「環境変化を自分自身で認識し，会社の方針を自分で"意訳"して変化に対応し物事を進める」管理職が求められているといえます。管理職の役割や存在意義も【越境】してきているといえるでしょう。

リーダーの様相も変わってきている

リーダーの姿についても変化してきています。リーダーというと，垂直型のリーダーシップスタイルが想起できます。ひとりのリーダーがビジョンを示し，指揮命令をだし，目標達成に向けて集団を牽引し，評価権限を行使して実現する，というイメージです。ボート競技のレガッタの感じです（**写真A**参照）。高度経済成長期に，カリスマリーダーが舵取り役（コックス）に位置し，「この方向に進め！」と漕ぎ手を鼓舞している姿が分かりやすいと思います。この写真を見ると何かしらの違和感に気づくと思います。リーダーは進むべき方向を見ていますが，漕ぎ手は背中を向けて，懸命に漕ぐことに集中しています。進むべき方向はリーダーのみぞ知る。

［写真A］レガッタ

[写真B] ラフティング

それが間違っていたら目も当てられません。外部環境がこれほどまでに変化する現代では,このような垂直型のリーダーシップスタイルは極めてリスクが高い。環境認識のセンサーは組織の全員が持ち,環境変化に集団で対応していくべきです。ラフティングでの川下りのイメージ(**写真B参照**)がフィットすると思います。

このようにリーダーのスタイルも変貌してきているのです。

労働市場とのコミュニケーションが変化してきたことを記しました。雇用システム,働き方,労働観,採用,配置・配属,評価,思考・行動,管理職の役割,リーダーの様相,これら人材マネジメントにまつわる領域の全てが変化してきています。労働市場と企業とのコミュニケーションは変化してきており,変化には対応しなければいけない,即ち【越境】させなければいけないということができます。

改めて人材マネジメントの【越境】とは何かを考えてみる

　人材マネジメントというのは，社員にいかにして働いてもらうか，ということです。働いてもらう考え方そのものには，働く年次が増すにつれてどんどん慣性がついてきます。終身雇用や年功序列の考え方は，それが日本の企業に導入され，高度経済成長下でなまじ有効に機能したがゆえに，かなり"やっかい"です。組織側からは，「うちの会社にいてもらって，言われたことを適宜やってくれれば，悪いようにはしない」という暗黙のメッセージが存在し，社員側は「言われたこと以外の余計なことは考えないようにして，適宜頑張ろう。そうすれば毎月給料は貰えるし，ボーナスも貰える」という感じが長年人材マネジメントの根底に根差してきたといっていいでしょう。ゆえに，社員側は謂わば，タコ壺が当たり前で合理的と考えてしまいます。仕事に慣れていき，マンネリになっても，まあいいやとなります。茹でガエルのエピソードが思い出されます。冷たい水からじわじわと温度を上げていくと，その器の中のカエルは水温の変化を認識できず，気づいたら時すでに遅し，になってしまうといいます。そうならないようにしないといけません。強制的か自主的かにかかわらず，ぬるま湯からでないといけません。

企業経営には3つの市場とのコミュニケーションに対する変化対応が求められる

　環境経営をはじめとする金融市場との対話や，多角化などによる商品市場に対する新しい価値の創造を実現するために，労働市場とのコミュニケーション，即ち人材マネジメントを【越境】させることが，今の日本企業に求められているといっていいでしょう。

　自社内労働市場の主体者は社員です。その社員が自主的に【越境】するといいことがある，と記したのが，『CROSSBORDER 越境思考—キャリアも働き方も「跳び越えれば」うまくいく』という前著でした。しかし，人はなかなか自主的には【越境】しません。なぜなら，ぬるま湯は心地いいからです。そして，その心地よさは組織からの要請の結果でもあるので，ぬるま湯から出ないほうが合理的であり安心なのです。そうこうしているうちに，金融市場も商品市場も大きく変化してきました。

　同じように，労働市場と企業とのコミュニケーションも【越境】させなければいけないとイメージできたと思います。つまり，社員を【越境】させること，もしくは社員に【越境】してもらうことが必要なのです。活性化のカギを握るのは【越境】，つまり，"可愛い社員には【越境】をさせよ"ということです。

6

個人アンゾフから考える
社員の3つの【越境】の方向性

　それでは、いよいよ本論である労働市場における社員の【越境】の必要性について掘り下げていきます。社員は資本を回転させて商品市場に価値を提供する主体者です。商品市場での自社の提供価値が未来永劫変わらない企業はないと思います。その観点からすると、社員を【越境】させる前提は、事業活動の陳腐化対応の必要性にあります。企業が多角化などの【越境】をするのであれば、その主体者たる社員も【越境】しなければならないのです。

個人アンゾフとは？

　アンゾフのマトリクスは企業が主語であり、事業ドメインの変更を示唆しています（図⑤参照／再掲）。一見すると「なるほど」と思ってしまいがちですが、企業はどうやってこの"境界線"を越えることができたのでしょうか？　誰がこのマトリクスの"境界線"を越えたのでしょうか？
　実際の【越境】の主体者は、事業活動を行っている社員でしょう。社員が下／右／右下にシフトしなければ、事業ドメインを大胆に変革させることはできません。社員には、既存事業からの【越境】や外部との共創が求

められているといえます。

［図⑤］アンゾフのマトリクス（再掲）

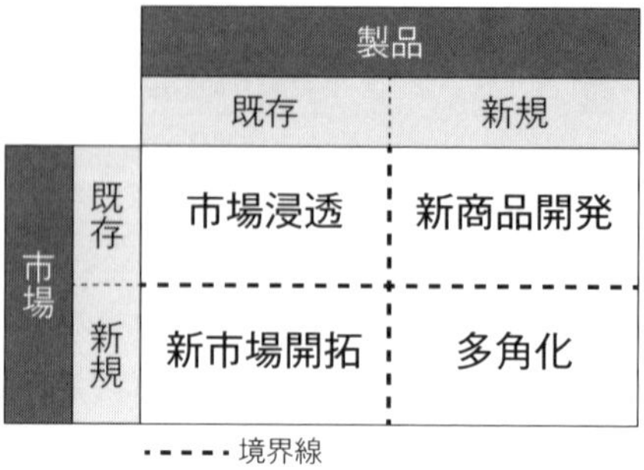

製品
既存
新規
市場
既存
新規
市場浸透
新商品開発
新市場開拓
多角化
境界線

そこで，個人を主語にした≪個人アンゾフのマトリクス≫なるものを考えてみました（**図⑦**参照）。組織構成員の居場所（部署／職場など）と提供価値（スキル／スタンスなど）を２軸に置き【越境】をイメージしたものです。居場所を現在から変えることで「開拓者」となる。提供価値を付加することで「開発者」となる。居場所も提供価値も大胆に変更することで，「変革者」となる。そんなイメージです。

事業ドメイン変更を軸にした企業成長を推進するためには，社員も進

［図⑦］個人アンゾフのマトリクス（筆者作成）

提供価値
スキル／スタンスなど
既存
新規
居場所
部署／職場など
既存
新規
D
今の自分
B
開発者
A
開拓者
C
変革者

出所：アンゾフのマトリクスを基に筆者作成

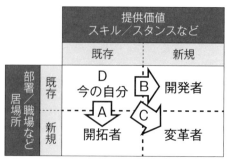

化・成長しなければなりません。そのためには，社員の居場所を変え，提供価値を高める必要があります。では，≪個人アンゾフ≫のシフトの具体的内容に言及していきましょう。

Ａ：居場所を【越境】する下シフト

社員の居場所（部署／職場など）を既存から新規にシフトさせることが，最初の【越境】のかたちです。居場所を【越境】（下シフト）させることで，「開拓者」になるイメージです（**図⑧**参照）。

[図⑧] 居場所を【越境】させる下シフト

提供価値 スキル／スタンスなど		
	既存	新規
既存	今の自分	開発者
新規	↓Ａ 開拓者	変革者

（部署／職場など　居場所）

個人の居場所(部署／職場)の【越境】支援策
- 人事異動（同職種）
- 自己申告制度
- 社内人材公募
- 社内【越境】研修
- 社内プロジェクト募集
- 出向
- 出張（国内，海外）
- 海外赴任
- 大学での就職説明会などに参加
- イントラ上での社内コミュニティへの参加
- ワーケーション促進

出所：アンゾフのマトリクスを基に筆者作成

- **人事異動（同職種）**：社員一人ひとりの状況を鑑み，部署を変更することで個人と組織の成長に寄与する。本社人事主導型と部門人事が権限を持つ形式がある。中央官庁などでは，概ね２〜３年ごとに部署や仕事が変わり，ゼネラリストを育むために実施している。

- **自己申告制度**：社員の自律的成長意欲に期待し，居場所を変えるための仕組み。具体的な部署・部門に対する異動の申告をするケースや，将来何がしたいのかを問うものなど多様。

- **社内人材公募**：成長事業に人材をシフトさせることで，社内の人材の均衡と成長をもたらす仕組み。人材を強化したい部署・部門がイントラネットなどで欲しい人材を社内で募集し，選考して異動を成立させる。原籍の部署側に異動の拒否権がないケースもあり，その意味では，現業の管理側に自部署の魅力を極大化させる健康的な圧力が生じる。

- **社内【越境】研修**：社内の異なる部署や事業部横断で，例えば新規事業をゼロベースでつくる研修は，疑似的に居場所を社内で変えるもの。部署が異なる人たちとチームを組成して，新しい価値を創出するプロジェクト型の研修は，同じ社内とはいえ考え方が異なる人たちとの交流をすることで，様々な経験や刺激を獲得することができる。

- **社内プロジェクト募集**：社内横断で実施されるプロジェクトへの参加。本籍のまま行う場合と，プロジェクトチーム自体が部署となり異動する場合とがある。プロジェクトそのものは会社の重要課題／テーマであることが殆どなので，招聘された"強い"プロジェクト・メンバーとの相克が，多くの学びに繋がる。

- **出向**：他の企業に移り，そこでの業務に携わる雇用形態。業務は出向先の指揮下で遂行される。社員のキャリア開発や業務提携，企業間交流の促進などを目的として行われる。コロナ禍では雇用調整の目的で1万人以上（2021年2月5日〜2022年2月4日／厚生労働省調べ）が出向した。近年は増加傾向にある。

- **出張**：業務を遂行するために臨時で通常の職場から離れた場所に向かうこと。感染症も一段落した現在，新興国などへの出張は刺激的な機会をつくりだせる。

- **海外赴任**：海外の現地法人などに赴任する場合，居場所は大きく変わることになる。会話や文書は非日本語で執り行われることが多く，コミュニケーション・コストは極めて高く，通常の居場所の【越境】よりもタフ

さは増す。昨今，日本人の海外勤務志向が減少していることが気になるが，言語・風土・文化・慣習などが異なる海外での生活自体は，様々な気づきと学びをもたらす。

- **大学での企業説明会などに参加**：求人難の状況が続く中，出身大学の就職ガイダンスなどで自社を紹介する機会が増えている。一時的に【越境】して，学生に対して自分の仕事や自社について話すことは，内省に繋がるとともに，学生からの承認を獲得しやすく，居場所を【越境】させるものとしては実践しやすいと思われる。

- **イントラ上での社内コミュニティへの参加**：イントラネットで社内コミュニティを立ち上げている企業がある。オンラインではテーマを決めて，肩書や世代を越えて希望者が参加し，自由闊達に議論がなされ，社内【越境】が実現されている。コミュニティ・マネージャーがいて，コミュニケーションの最低限の作法を提示したり，ブレイクアウトではファシリテータをしたりする場合が多い。社外のメディア企業と提携し，テーマのネタを提供し運営しているケースも見受けられる。

- **ワーケーション**：ワークとバケーションを組み合わせた造語であるワーケーションは，認められている企業が限られるが，職場や自宅とは大きく異なる環境で主にオンラインで仕事をすることで，リフレッシュ感を得ることができる。自身もワーケーションに近い経験をしたことがあるが，頭がすっきりしたことを憶えている。

　社員の現業の居場所（部署／職場など）からの物理的【越境】は，多種多様な方法で可能です。その多くが人事部の主導で実施できそうです。社員の状況を把握している人事部だからこそ，一人ひとりを精緻に見据えて，本人の希望も勘案して，下シフトである居場所の【越境】を促進していくべきでしょう。

B：提供価値を【越境】する右シフト

人事部は，社員の提供価値（スキル／スタンスなど）をアップグレードすることもできます。社内で執り行う研修は，スキルやスタンスを更新することができる代表的な右シフト支援策といえます。「（人材）開発者」になるイメージです。その他の施策と合わせて，右シフト，即ち提供価値の更新の【越境】を見ていきましょう（図⑨参照）。

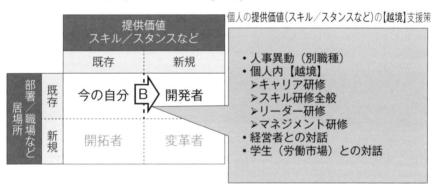

[図⑨] 提供価値を【越境】させる右シフト

出所：アンゾフのマトリクスを基に筆者作成

- **人事異動（別職種）**：別職種への人事異動は当該社員の提供価値を高めることに繋がります。営業から事業企画，製造から生産管理，研究から開発，職種間の【越境】は沢山あります。異動前後の職種やそこで得られたスキルを掛け合わせることで，社員の価値を意図的に高めることは可能です。そのためには，社員一人ひとりの志向や能力，実績などを丁寧に把握しておくことが必要です。
- **個人内【越境】**：個人内【越境】とは，何かしらのインプットと内省，アウトプットをすることで自分自身のスキルやスタンスを更新していくもの

です。場面としては研修が一般的であり，人事部の主管領域です。主な研修を挙げてみます。

✧ **キャリア研修**：自分のキャリアに向き合って，今とこれからを考える研修。20代・30代・40代と，順を追って実施することが望ましい。自身の will／can／must を振り返り，自分とは何かを内省し，未来の自分に対する期待とエネルギーを得ることができる。

✧ **スキル研修全般**：既存事業推進やイノベーション促進のために必要なスキルを学ぶもの。特にデジタル系のスキル研修は，時代の要求度合いに応じて適切に対応するべき。

✧ **リーダー研修**：リーダーとしての有り様を考える研修。あるべきリーダー像が固定化されているものから，自分が望むリーダースタイルを生成的に見出していくものに変わってきている。リーダーの機能の頑強な2軸（アジェンダ設定／ネットワーク構築）をどう捉えるかがカギとなる。

✧ **マネジメント研修**：管理職に必要な素養を学ぶものが多い。対人（チームメンバー），対自己（自分自身），対課題（管理する業務内容と外部環境認識）にどう処するのかを検討するものが一般的。昨今は管理職になりたがらない人が増えていたり，管理の有り様が厳格化したり，フラット型の組織が増えてきたりしているため，管理とは一体何かを根本から問い直すことが求められている。

• **経営者との対話**：現業の仕事をしながら，自社の経営者と対話することで，経営とは一体何か，経営者とは何をしている人か，などを考え抜く機会。車座対話として実施している企業も多い。現役の経営者との交流は，社員数が多いフラッグシップ企業だとなかなか難しいが，経営者の視界の共有は，社員の提供価値を更改する大きなきっかけとなる。できれば20代で経験できるように機会をつくるべき。

- 学生（労働市場）との対話：更新した提供価値（スキル／スタンスなど）を，リクルーターとして学生や中途入社希望者に話すことで，自分自身の存在意義や仕事の再整理に繋がり，相手からの承認が得られることで自信に繋がる。

　社員の提供価値（スキル／スタンスなど）の現在地からの【越境】は，所謂研修を中心に幾つか考えられます。人事部や人材開発部の得意領域かと思います。提供価値の【越境】は，スキル・スタンスを更新・強化することで成長することであり，【越境】中のコンテンツにより成果が大きく異なります。ポイントは，【越境】後に“風呂上がりのさっぱり感”で終わらせないことです。【越境】して学んだことを現業にどう活かすのか？の“繋ぎ”が，人事部の腕のふるいどころといってもいいでしょう。

C：居場所と提供価値の両方を【越境】する右下シフト

　居場所と提供価値を一気に【越境】させることも，人事部でサポートすることが可能です。新たなコミュニティに参加し，求められるスキルやスタンスも現業とは異なる活動となります。「変革者」になる感じで，“飛び地”感が満載です。この施策も，概ね人事部で支援することができます。右下シフトという全く新しいドメインへの【越境】の詳細を見ていきましょう（**図⑩**参照）。

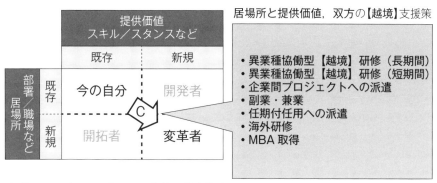

[図⑩] 居場所と提供価値を【越境】させる右下シフト

出所：アンゾフのマトリクスを基に筆者作成

- 異業種協働型の【越境】研修（長期間）：他社との他流試合を研修の中で実施するもの。現業をやりながら，半年から1年程度のPBL（Project Based Learning）ともいうべきプロジェクト型の研修に参加する形式が主。扱うテーマは社会課題であり，解決策を新規事業開発の視点で検討する内容が多く，一時的に居場所や提供価値を【越境】し，同世代の他社の他者との交換／議論をすることで，現業では得がたい経験や学びを得ることができる。
- 異業種協働型の【越境】研修（短期間）：他社からの参加者と協働し【越境】する機会を提供する研修もある。1か月程度のフィールドワークを挟んだ2日間の研修で行われることが多く，【越境】すること自体を目的化して実施される。現業の風土やルールがあたり前になっている社員にとって，他者と協働して【越境】すること自体が新鮮な経験となる。
- 企業間プロジェクトへの派遣：業務提携や共同事業を推進するために，他社とプロジェクトを進めるケースがある。他社との協働が必須であり，改めて自分や自社の存在価値を問われる経験となる。居場所と提供価値双方を【越境】し，かつ会社を代表して取り組むことが多いので，高い

集中度が要求される。

- **副業・兼業**：副業・兼業では，基本的に競業（現業と同じことをやること）は禁止なので，今までにない提供価値を磨くことが可能となる。

- **任期付き任用への派遣**：多くの中央官庁では任期付き任用を募集している。任期付きなので期間限定であり，任用されれば公務員となり，公務をすることになる。民間とは考え方や仕事の進め方，意思決定の基準など何もかもが違うので，右下シフトの施策の中でも多くの刺激や学びを得ることができる。

- **海外研修**：海外で研修を行うケースが増えている。現業以外のテーマで，現地の言葉で議論して成果物をつくるもので，言葉が異なるとコミュニケーション・コストが増すため，ゼロベース思考になりやすく，刺激を得られる。

- **MBA取得**：経営学修士の取得という難度が高い学習をする過程で，タフな環境に身を置き，今までにない思考，価値観，人脈を得られる。

　居場所（部署／職場など）と，提供価値（スキル／スタンスなど）双方を現在地から【越境】する施策は，居場所だけ【越境】する下シフトや，提供価値を【越境】する右シフトと比べて，ジャンプ感が大きいです。その分，ストレスやジレンマも大きくなりがちなので，支援する人事としては注意が必要です。【越境】のプレ／オン／ポストで丁寧なフォローをすることによって，ジレンマからの学びを高めることが可能です。【越境】者にそれ相応の覚悟が求められるこの領域への【越境】は，近年では推薦よりも公募で対象者を選ぶことが増えている印象です。

D：居場所も提供価値も【越境】せず学びを深める

【越境】を好まない社員もいます。熟達を促すことで，人事部は彼らの

成長に貢献することが可能です。【越境】しないパターンも少し掘り下げてみましょう（図⑪参照）。

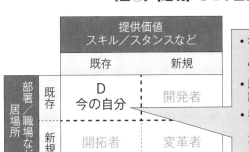

[図⑪]【越境】させず垂直学習を支援

出所：アンゾフのマトリクスを基に筆者作成

- **社員の現状把握**：一人ひとりの社員のスキルやスタンスを把握して，【越境】の必要性や【越境】の希望度合いを確認することが大切。
- **既存スキルの学び**：現業での学びを深めたい意向を本人に確認し，居場所も提供価値も今のままで仕事に邁進してもらうことも必要。垂直学習でも学びの度合いを深めることは【越境】ということができる。スキルのレベル設定やライセンス付与などによる公式化も，学びを促進する材料になり得る。
- **複線型人事制度**：専門職志向が高い人を無理やり【越境】させることは避けるべき。複線型の人事制度を厳格に運用しつつ，フェロー制度のような専門職ラインの人たちの認知と称賛によって，【越境】しなくても価値を高められるようにすることも大切。
- **外部との繋がり支援**：アカデミズムなどの外部と専門職の繋がりをつくり，共同研究を推進することも，現業で継続して仕事をする人の価値を高め

るには有効。

　居場所も提供価値も大きく【越境】しない人たちに対しても，スキルや仕事に対するスタンスを高めてもらうために人事部は関与するべきです。昨今は技術革新の進展が急であり，必要とされるスキルのアップグレードが求められたり，全く異なるスキルに取って代わったりすることも起きています。ことテクノロジーに関しては，既存事業領域でもその必要性がますます大きくなっています。スキルを深化させることも【越境】とするならば，この領域でも【越境】が求められているといっていいでしょう。垂直の学びであり熟達です。この領域でも社員の状況を把握することで，人事が【越境】促進をすることが可能です。

　社員の【越境】を促す4つの施策について説明してきましたが，いかがでしょうか？　各々代表的な施策を挙げてみましたが，これらは殆ど人事部が実施できることです。人事部は社員を【越境】させることで，社員の"共創"や成長促進の支援をすることができ，その結果，企業は事業変革を成し遂げられます。人事部こそがイノベーションや企業変革の推進者であり，促進者であり，主体者であるということができます。

7

【越境】の前提，理想の【越境】先の特徴，【越境】での経験，【越境】先で得られること

　ここまで言及してきた，"可愛い社員が【越境】する"という状況下で，社員には一体何が起きて，どんなことを獲得しているのでしょうか？　企業側が【越境】を支援するにあたっての，【越境】の前提となる相対化，望まれる【越境】先コミュニティの特徴を踏まえ，【越境】で経験できることやその結果獲得できることを紐解いていきます。

【越境】の前提となる相対化

　【越境】とは，今までの場所や所属・集団から離れて，何かしらが異なるコミュニティに飛び込むことです。そのため，違いの認識が大前提として必要になります。そこでは自然と相対化*，つまり比較が行われます。慣れ親しんだところとは，目的や目標，活動内容，組織構成員や交流者，その中での言葉やコミュニケーションの様相，意志決定のスタイルや行動様式，褒める内容や褒め方，その組織に関わる自身のスタンスなどが異なるはずです。今までとは何が違うのか？　どう異なるのか？　を相対化することで，状況にもよりますが，ある種のカルチャーショックを感じることがあるかもしれません。だからこそ，気づきが得られるのです。比較し

相対化したうえで，その違いをコト・概念として深耕や昇華することができれば，学びは更に深まると思われます。

その際に，『なぜ』と『そもそも』という接頭語が役立ちます。

✓ 『なぜ』，この人はこう考えるのだろう？『なぜ』，このように行動するのか？『なぜ』，こんな褒め言葉なのか？　今までの自分とは違う。この違和感は気になる。一体何だろうか？

✓ 『そもそも』，【越境】した先のグループの目的は何だろう？　今までの場所とは何かが違う。新しい場所に慣れ親しむことも大切だが，違いの認識の鮮度を保つべきだ。所謂 "外様" で居続けることの価値もあるはずだ。

このように，【越境】前後の状況の違いを掘り下げ・掘り上げて，相対化することで，省察が行われ，自分の糧にすることができるのです。

> ＊相対化：一面的な視点やものの見方を，それが唯一絶対ではないという風にみなしたり，提示したりすること。

相対化の持つ力

相対化について更に深掘りします。なぜ，相対化が学びを促進するのでしょうか？

メジロー＊の変容理論（図⑫参照）というものがあります。人は今までにない状況に置かれ，新しい知識を得たり，新たな経験をしたりする際，つまり【越境】をしたときに，どんな態度をとるのか？　という研究内容です。肯定は素直に受け入れ，否定は却下します。矛盾の状況に陥った場

7 【越境】の前提，理想の【越境】先の特徴，【越境】での経験，【越境】先で得られること

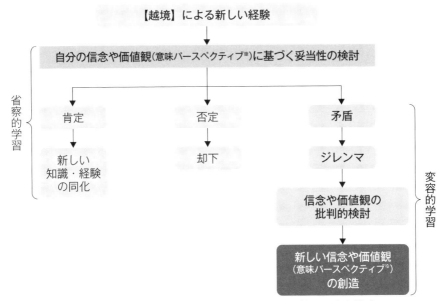

[図⑫] メジローの変容理論

※意味パースペクティブ：習慣的に準拠している前提や価値，信念を構成している枠組み
出所：メジローの変容理論を基に筆者作成

合，ジレンマに悶々としたうえで，今までにない考え方（意味パースペクティブ）が創造される，というものです。これを変容的学習と呼びます。

【越境】先のコミュニティとの交換の中で起きていることは，この変容的学習かと思われます。

　　＊ジャック・メジロー（1923～2014年）：米コロンビア大学の研究者。大人の学習（成人学習）理論として「変容的学習」を提唱。

この変容的学習は，前述した個人アンゾフのマトリクス（図⑦参照／再掲）上では，

✓居場所（部署／職場など）が変わる下シフト☞A
✓提供価値（スキル／スタンスなど）が変わる右シフト☞B
✓居場所，提供価値の両方が変わる右下シフト☞C

の３つの【越境】で促進されると考えます。

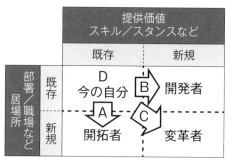

［図⑦］個人アンゾフのマトリクス（再掲）

出所：アンゾフのマトリクスを基に筆者作成

　【越境】することによる新しい知識・経験の獲得に始まり，相対化による矛盾→ジレンマを経て，自分の認知の枠組みや価値観が変化します。矛盾が激しければ激しいほど，相対化の軸が深まり，意味パースペクティブ*が変容すると考えられます。【越境】による相対化は非常に大きな力を持つのです。それは認知的不協和*の手触り感のある体現といってもいいでしょう。

　　＊意味パースペクティブ：習慣的に準拠している前提や価値，信念を構成している思考の枠組み

　　＊認知的不協和：人が自身の認知とは別の矛盾する認知を抱えた状態，または，その際に感じる不快感を表す社会心理学用語。アメリカの心理学者レオン・フェスティンガーによって提唱。

【越境】先のコミュニティのあるべき特徴

　【越境】するということは，別のコミュニティに参加することであり，何かしらの違い・差のあることが大事と述べました。【越境】先のコミュニティが今までとあまり変わらなければ，違いの認知・認識が得られにくくなります。そうなると，成長促進に繋げられない可能性が高い。逆にいえば，今までとは何かしらが異なるコミュニティに【越境】することができれば，現業とは異なる経験をし，相対化による学びを深めることができると思われます。【越境】支援者の人事部は，それを意図的に促進することができます。

　では，どんなコミュニティに【越境】すべきか？　一般的なビジネス・パーソンが【越境】すべき，現業とは異なるコミュニティの特徴を，「目的」「活動内容」「構成メンバーや交流者」「関わるスタンス」の4つの領域で考えてみたいと思います。

【越境】先のコミュニティの目的

●現業のビジネスの世界とは異なる社会課題解決領域の目的

　ビジネス・パーソンは，当該企業の中で仕事をアサインされ，目標設定し，役割を果たし，仕事を完遂させて，価値を創出しています。ビジネスとは，財やサービスが生産・流通・消費されるまでの過程で，企業が利益獲得と持続可能な社会の実現を目指して行う活動であり，その殆どの目的が社会課題解決であるにもかかわらず，経済活動の側面が強調されています。我々はこの経済活動のど真ん中にロックされているといってもいいでしょう。

一方で，21世紀が四半世紀ほど過ぎた現在でも，多種多様な社会課題が厳然と存在しています。自分が関わっている仕事の延長で社会課題解決をしているにもかかわらず，社会課題解決側に光があたり，ビジネス・パーソンの自負心が満たされることはそう多くないのが現実です。

そこで，【越境】先のコミュニティには改めて，社会課題解決という真っ直ぐな目的を求めるべきかと思います。事業内容の検討を，様々な社会課題の課題設定から始めるようなコミュニティが，【越境】先には必要です。

● 目的は現業の事業推進ではなく，世の中にまだない価値や前提を変える価値（イノベーション）の創出

日本のビジネス・パーソンが行っている現業の多くは，事業推進の仕事といっていいでしょう。ドラッカーは企業の機能をマーケティングとイノベーションの2つに集約しましたが，現業の仕事はマーケティング，即ち既存事業の領域が殆どです。一方でイノベーション，つまり新規事業推進や新価値創造の領域の仕事をしている人は多くない。【越境】先のコミュニティが新価値創造を目的にしていると，現業とは異なる経験をすることができます。顧客・顧客価値・収益モデル・競争優位性，といった事業活動の核心をゼロから考える経験は，非常に有意義なものとなるに違いありません。

【越境】先のコミュニティでの活動内容

● 部分としての事業観ではなく，ヒト・モノ・カネのマネジメント全体を扱う活動

殆どの仕事は付与されて始まるものであり，それは部分といってもいいでしょう。部分の仕事は他者の仕事と相まって全体を構成し，それが事業となり価値を創出します。ただ，一人ひとりの仕事で全体観を感じること

は簡単ではありません。仕事が高度化／複雑化している現代，仕事自体に対する習熟の要請は高まるばかりであり，部分の部分たる所以はなかなか変えられない。ネガティブな言い方をすると，どんどんタコ壺に入り込んでいく感じでしょうか？

【越境】先のコミュニティで求められるものは，全体を見通すことです。部分ではなく全体観，仕事ではなく事業観の獲得です。事業観とは経営観であり，ヒト・モノ・カネをマネージすることでもあります。したがって，【越境】先のコミュニティでの活動内容は，マネジメント（経営）を扱うことが望ましいと思います。そうなると，【越境】先は必然的に小さいサイズの企業や組織となるでしょう。大人数だと組織が複雑化・階層化して，全体観を獲得することが非常に難しくなるからです。

● 従来の知識・経験が通用しない活動

現業で日々仕事に邁進していると，垂直的学習が進み，スキルが獲得されます。経験を積むことにより，必要な知識が身についていきます。しかし，仕事の中身にもよりますが，アップスキルはどこかでマンネリ化を生みます。仕事ができるようになると，手を抜くようになるのは誰しも憶えがあるでしょう。

【越境】先のコミュニティでの活動は，従来の知識や経験が通用しないものがいいと考えます。求められる知識や経験が現業でのものと被ると，【越境】先でもなんとなくできてしまう，通用してしまうことが生じます。そうなると変化や刺激は得られません。【越境】先を選ぶことができるのであれば，現業とはできるだけ異なる知識や経験が求められるものにするべきでしょう。【越境】支援する立場の人事部としては，現業とは離れた活動内容を見据えるべきだと思います。できるだけ遠くに跳ぶ，これは両利きの経営の知の探索の条件でもあり，【越境】先のコミュニティ自体に

求められるものだといえます。

●指揮命令系統や評価権限が通用しない活動

仕事では，何かしらの指揮命令系統や評価権限が存在します。指揮命令を出すこともあれば，受けることもあるでしょう。仕事のでき栄えに関しては，何かしらの評価を誰かから受けますし，評価する側になることもあります。チームで仕事をする場合，指揮命令や指示を出し，チームメンバーを何かしら評価することで"動かす"ことが多いでしょう。【越境】先の活動内容で，同じように指揮命令を出し評価することができれば，チームメンバーはある程度"動きます"。指揮命令や評価権限で人を動かすことに慣れてしまうと，その力に頼ってしまいます。それでは真の学びに繋がらない。そこで，【越境】先では違う方法で人を"動かす"ことを考え実行すべきです。

そのことを踏まえると，【越境】先のコミュニティはヒエラルキー構造ではなく，フラットな組織が望ましいともいえます。リーダーシップの発揮のスタイルでいうと，垂直型ではなくシェアード・リーダーシップ*，ともいうべき様相が，【越境】先のコミュニティの仕事スタイルとして相応しいと思われます。

> ＊シェアード・リーダーシップ：リーダーシップを特定の役職や個人に限定せず，状況に応じて適任者がリーダーシップを発揮し合うこと。

●社会に対する影響力や責任を実感できる活動

上述したように，仕事は部分であることが多く，細分化された機能や価値の中で，社会に対する影響力は非常に感じにくいと思われます。責任の所在も分散化されると，重みが減ってしまうのは無理からぬことです。【越

境】先のコミュニティでの活動は，ストレートに社会からのフィードバックが貰えるものがいいと思います。活動の根幹の提供価値を実感する顧客が目の前にいて，影響力の手触り感が得られると，それが仮に n＝1 のごく少ない相手であったとしても充実感を得ることができます。勿論，自分の仕事が社会に対して影響を及ぼしていることを実感している人も多いでしょう。しかし，顧客の生の声を直接聞く機会がない仕事は，特に大きな組織ではごく普通です。だからこそ，【越境】先のコミュニティでの活動は，社会との接点が現業よりも，より近く手触り感のあるものであることが望ましいと考えます。

【越境】先のコミュニティの構成メンバーや交流者

● 現業とは異なる社内外の多様な価値観の人たち

　仕事は，その多くが同じ企業の同じ部署の中で行われます。付与された仕事を全うするために，組織の中でコミュニケーションが交わされます。その内容は，業種や職種，部署や役割によって異なりますが，決定的に同じことがあります。それは，"組織は常識を作りこむ装置" ということです。常識を作りこむとは，コミュニケーション・コストの低減圧力が仕事に習熟するに従ってどんどん増していく，ということです。謂わば，"あ・うん"の呼吸が通用するようになる，という感じでしょうか？　組織側からすると，そのほうが効率的であり，好都合です。仕事経験の多寡にもよりますが，「あれ，やっておいて」「了解しました」のようなコミュニケーションは，どの職場でも多かれ少なかれ見られます。

　【越境】先のコミュニティに求められるのは，"あ・うん"の呼吸に代表されるような同質性の追求ではありません。違いの認識を踏まえた多様性の追求かと思います。そのためには，【越境】先のコミュニティは，同じ会社内ではないほうがいい。できるだけ遠くに跳ぶことを前提として考え

るのであれば，業種や職種が異なる人たちがいるコミュニティが理想的です。現業で身につけた様々な常識をゼロリセットできる，自分とは異なる多様な価値観との相克が，大いなる刺激を勝ち得ることになります。

●経営者や様々な分野の専門家

【越境】先のコミュニティで交流する相手は，ビジネス・パーソンにはない考え方や経験を持った人が相応しい。特に，部分ではなく全体観，事業観や経営観が強く求められるのならば，交流する相手は経営者がいいでしょう。大手企業から中堅，中小企業まで，僕も多くの経営者と対話してきましたが，その視座・視界はビジネス・パーソンのものとは異なりました。社会に対する責任感や事業成長意欲が全く違いました。覚悟や背負うものも，その重みの種類が全く別物といってもいい。経営責任を負っているという意味では，その重さはオーナー経営者のほうがより際立っているとも感じました。そのくらい，"体を張って勝負している"ともいえます。つまり，経営者としての様々な覚悟や苦難などから得られるものは非常に多い。経営者との交流や交換はとても価値があると思います。

また，専門家とのコミュニケーションも非常に重要です。当該分野で専門性を極めている人は，その価値を追求し提供することによってのみで対価を得ているので，付与された役割を全うしているビジネス・パーソンとは"生き方"が違います。そして，専門家の多くが"ひとりで"活動しています。専門性は常に陳腐化のリスクを孕んでいますので，学習意欲の非常に高い人が多い。その凄みとの交換を【越境】先で経験することで，自分自身の学びの深化や強化に繋がることは間違いないでしょう。

【越境】先のコミュニティに関わる自身のスタンス

● コミュニティの一員として，目的達成の推進者としての主体性や覚悟を発揮する

　【越境】先のコミュニティに関わる自身のスタンスとして求められるのは，組織の目的に対して主体的に関わる姿勢です。多くの場合，仕事の中身や目的を自ら決めることはほぼなく，何かしら付与されるものです。勿論，所属している組織でもその目的を達成する推進者として，主体性や覚悟は求められます。所与の仕事が事前に存在し，それが与えられ，取り組むことでスキルは磨かれます。ただ，目的自体を自ら設定することはあまりないでしょう。

　【越境】先のコミュニティでは，目的自体を主体的に設定でき，目標や手段にまで落とし込めることが望ましいです。リーダーの機能でいうところのアジェンダ設定（やることを決める）を自ら行うと，アジェンダに対する手触り感が生じます。正直，目的自体を設定することは簡単ではありません。目的とは，企業理念やビジョン，ミッション，バリューに繋がるものであり，それは過去から営々と磨かれてきたものでもあります。目的は概念的であり，抽象度が高く，提供価値と社会の要請を行き来することで初めて見えてくるものです。ビジネス・パーソンは仕事を目的的にあまり考えてこなかったと思われます。それは，仕事が付与されたものだからです。付与されるという受動的な考え方から，【越境】先では大きく跳ぶべきかと思います。

　リーダーのもうひとつの機能であるネットワーク構築（人を動かして実現する）も大切です。覚悟を持って【越境】先のメンバーとともに取り組むスタンスが必要です。現業では何かしら馴染みのあるメンバーとの交流で仕事が進みます。付き合いが長い分，相手のこともある程度分かってい

て，自分のことも理解してもらえていることが前提にあるでしょう。【越境】先のコミュニティでは，そうはいきません。「はじめまして」のメンバーが殆どです。そうなると，自己開示から始めないといけません。人を動かしてアジェンダを実現すること自体をゼロから執り行うことが必要です。それは想像以上にコミュニケーション・コストがかかります。ただ，そのことがネットワーク構築の力を磨いていくことに間違いなく繋がります。

　【越境】先のコミュニティでは，自らアジェンダ設定とネットワーク構築を主体性や覚悟を持って推進するスタンスが求められます。

　いかがでしょうか？　社員をただ単に【越境】させればいいというものではありません。【越境】させるべき，現業とは異なるコミュニティには一定の特徴があるのです。

- ✧　現業とは異なる社会課題領域かつ新価値創造や新事業開発の目的を持ち，
- ✧　ヒト・モノ・カネなどの全体を扱い，指揮命令系統や評価権限が存在せず，過去の経験や成功体験が通用せず，社会に対して影響力が実感できる内容で，
- ✧　様々な価値観を持つ人たちや経営者・専門家との交流ができ，
- ✧　徹底した主体性や覚悟を求められる

このような【越境】コミュニティであれば理想的です。

　【越境】支援をする場合，【越境】先のコミュニティの様相を踏まえ，意図的・意識的に【越境】先を選ぶことが求められます。これらを踏まえて，適切に【越境】支援をするべきかと思います。

【越境】で得られる経験

　求められるべき【越境】先のコミュニティの特徴を，その「目的」「活動内容」「構成メンバーや交流・交換者」「関わるスタンス」の４つでまとめました。では，このようなコミュニティに【越境】し活動をすることができた場合，どのような経験をすることになるでしょうか？

　ここで視点を少し変えてみましょう。ビジネス・リーダーになるにはどのような経験が求められているか，という研究があります。例えば，(株)リクルートマネジメントソリューションズの組織行動研究所では，

- ✧　外部視点から自社の存在意義を見直す経験
- ✧　従来の知識や考え方が通用しない経験
- ✧　権限が及ばない人を動かす経験
- ✧　主体性・覚悟を問われる経験
- ✧　経営者・実力者の目にさらされる経験
- ✧　成長を促す人物との出会い

この６つの経験が，リーダーとしての成長を促すと示唆しています。
　上述した求められるべき【越境】先での活動内容をイメージして考えてみましょう。

- ✧　外部視点から自社の存在意義を見直す経験
　　👉【越境】することで，ホームである現業の仕事や自分が所属してい

る会社のことを相対化することになり，自社の存在意義を改めて考える機会となる

❖ 従来の知識や考え方が通用しない経験

☞【越境】先での活動は，大なり小なり従来の知識や考え方が通用しない経験となる。【越境】先を選ぶことができる場合には，意識的に現業とはできるだけ異なる，遠くに跳んだ活動を選択することで，経験の深みを増大させることができる

❖ 権限が及ばない人を動かす経験

☞現業では何かしらの指揮命令系統や評価権限があることが多い。【越境】先のコミュニティでは，特にフラットな関係で出自が多様な人たちとの活動になると，権限が及ばない人を動かさなければならない。自然と，タフで深い経験ができる

❖ 主体性・覚悟を問われる経験

☞【越境】先のコミュニティでその目的設定から関わることができれば，主体性や覚悟を問われる度合いは現業より増す

❖ 経営者・実力者の目にさらされる経験

☞【越境】先のコミュニティでの活動が，社会に対する影響力を実感できる内容であれば，活動自体が必然的に経営者・実力者の目にさらされることになる

❖ 成長を促す人物との出会い

☞【越境】先の活動メンバーが多様性を担保しつつ，同じ気概やスタンスで参加しているのであれば，彼等との交流・交換自体が成長を促していく。【越境】先のコミュニティが外に開いているのであれば，様々な成長を促す人物との出会いは必然となる

求められる理想的な【越境】先での活動は，総じて，外部視点から自社

の存在意義を見直す，従来の知識や考え方が通用しない，権限が及ばない人を動かす，主体性・覚悟を問われる，経営者・実力者の目にさらされる，成長を促す人物との出会い，といった経験をすることに繋がります。これらは，ビジネス・リーダーとしての成長を促す経験です。【越境】先での経験は，ビジネス・リーダーをつくることに繋がるのです。

南カリフォルニア大学のモーガン・マッコール教授が提唱するイベント・レッスンの関係*でも，同様のことが説明されています。彼は，リーダーとしての学びを深めるイベント（出来事／経験）として，幾つかの示唆をしています。

- ✧ ゼロからのスタート
- ✧ スペシャル・プロジェクト／タスク・フォース
- ✧ 視野が変化する経験
- ✧ 多様な価値観に触れる
- ✧ 既定路線からの逸脱
- ✧ コースワーク（公式の研修プログラム）など

このようなイベント（出来事／経験）が，強いリーダーを生むものです。マッコール教授のいうイベントはこの他にもあります。最初の管理経験，事業の立て直し，ラインからスタッフへの異動，事業の失敗，降格などです。これらを彼は，【越境】的概念で括っていませんが，総じてこれらは【越境】的なイベントといってもいいでしょう。イベント（出来事／経験）としての【越境】は，リーダーとしての学びを深めることに繋がるのです。

　　＊イベント・レッスンの関係：南カリフォルニア大学教授のモーガン・マッコールが提唱した考え。経営幹部を育成するには，適切なイベント（出来事

／経験）を提供し，的確にレッスン（学習）を推進させるべき，というもの。

【越境】で獲得できること

では，このような【越境】経験で得られることは何でしょうか？　更に掘り下げていきます。

【越境】で得られることを，過去の【越境】研修による定量調査結果や先行研究等を踏まえ，6つにまとめました。その概要と自分自身の経験談を付記します。

新しい知識

先ず初めに，新しい知識を挙げます。

【越境】した先での活動やコミュニケーションは，おそらく習熟していないものであることが多いでしょう。成果を出せるようになるまで，人は学びを深め，経験を重ねていきます。新しい世界であるがゆえに，見聞きするものが全て新鮮であり，そのプロセスの中で今までにない様々な新しい知識を獲得していきます。勿論，【越境】をしない個人アンゾフのマトリクス上の既存×既存の領域（図⑦，D）でも新しい知識を獲得することは可能ですが，その場合は垂直的学習の範囲になることが多いと思われます。

また，知識の幅や深さは【越境】前後の業務内容によって大きく異なるでしょう。しかし，異なる場に身を移し，異なることをやる以上，何かしらの気づきが得られるはずであり，それはその人にとって新しい知識といえます。

2010年度に，『フロンティア人材調査事業』＊という経済産業省との共同事業を行いました。組織の中で新規事業やイノベーションを推進するイノベーター（フロンティア人材）は，どんな人で，どんな組織や仕組みが育むのか？　を調査し，2011年3月14日にシンポジウムを実施し問題提起をするというものでした。東日本大震災により残念ながらこのシンポジウムは中止となりましたが，味の素，ライフネット生命等の企業や多くのイノベーターにインタビューして，公式な報告書や『イノベーションの旅』という事例集を作成し納めました。

　このプロジェクトで得られた新しい知識は，多くて深いものでした。イノベーションという概念や先行研究，企業やイノベーターからのイノベーション創出に関する様々な事例，監修してくださった一橋大学名誉教授の野中郁次郎先生との議論による気づき，経済産業省産業人材政策室の官僚の視座・視界…。枚挙にいとまがありません。それまでは，リクルートでの仕事の中でイノベーションについて考えたことはありませんでしたから，全くの門外漢だったわけです。あるきっかけで経産省にこの事業を提案し，受諾・議論検討・報告をしたのですが，その過程全てが浅学な自分にとっては新しい知識そのものでした。

＊フロンティア人材調査事業：新たな市場を開拓し，世界の生活者を魅了する画期的なビジネス・イノベーションを生み出すことが可能な"フロンティア人材"の創出，を目的とした経済産業省の調査事業。正式名称は，「フロンティア人材の育成・活用に関する委託調査」。平成22年度に，株式会社リクルートが受諾。主宰は経済産業省産業人材政策室。

モノの見方の転換

　2つ目は，モノの見方の転換です。

所属する集団によってモノの見方は異なります。ある組織ではごく普通の行為が，【越境】後の組織では絶賛されることは間々あります。認知と称賛の軸が異なるのです。【越境】することで，新しい世界の人たちの新しいモノの見方と相対することになります。自分とは異なるモノの見方は新鮮で，今までの自分の考え方との違いを認識するようになります。その結果，モノの見方の転換，即ち新しい認識，新しい意味パースペクティブが手に入る可能性が高まります。例えば，効率をとにかく重視していた組織から，顧客第一主義の集団に【越境】することで全く新しい環境認識の方法を得る，とか，労使間【越境】をして経営者と対話すると経営観や事業観が手に入る，といったことが挙げられます。こんなモノの見方があったのか！今までにない考え方だ！といった具合です。単眼的な認識から複眼的な思考ができるようになるといえばいいでしょう。

　僕は，入社以来約40年間ずっと営業の仕事をやってきました。営業の基本は顧客接点の担保です。顧客の課題を把握し，自社の商品・サービスを精査し，時にカスタマイズして納めて，提供価値を最大化し，解決に繋げ，その対価を頂戴する仕事といえます。ずっとBtoBの世界で営業してきましたので，顧客は企業（主に人事部）です。一社一社置かれている状況や人事・人材マネジメント課題は異なるため，個社ごとに合わせて提案活動をしてきました。その意味では“個別最適”ということができます。

　そして営業をしながら，新しい商品・サービスを開発するという仕事を2010年以降に始めました。開発の仕事は営業とは異なります。視点は個別企業ではなく，社会課題に向かいます。世の中の状況や動向を踏まえ，課題を設定し，解決する方法を考え出し，プロトタイピング*して，今までにない商品・サービスを創っていく仕事です。開発では，営業の“個別最適”的アプローチではなく，市場や社会全体を捉える考え方が前提となりました。“全体最適”です。

営業と開発では，モノの見方が全く違いました。営業は徹底して顧客課題に向き合う帰納的捉え方をしますが，開発は市場や社会の課題から演繹的に物事を考え紡いでいく視点や視座が求められます。バックキャスティング*です。この違いは僕にとっては非常に新鮮で刺激的でした。

> *プロトタイピング：「試作」の意。主にソフトウェア開発の初期段階に試作モデルをつくり，動作状況や機能・操作性などを確認し，ユーザーの要望や評価を得て，実際のシステムに反映させ完成させる開発手法のこと。

> *バックキャスティング：最初に目標とする未来像をイメージし，次にその未来像を現実化するための道筋や戦略を，未来から現在に遡って考える手法のこと。現在から未来を探索するフォアキャスティングと比較して，VUCAのような劇的な変化が求められる課題に対して有効とされている。

新結合

　3つ目に，新結合*が挙げられます。

　新結合とは，1912年にシュンペーター*が『経済発展の理論』で提唱した資本主義経済の自発的な発展力の大元，即ちイノベーションです。本書では，今までの所属コミュニティでの何かと，【越境】先での何かを掛け合わせることによって，全く新しい価値が生まれるというものになります。【越境】し，新しいコミュニティの人と議論することで，自分の何か×新しい人の何か，という状況が生まれます。これこそが新結合です。有意な何かと有意な何かの掛け合わせは，新しい価値の創出の源泉といってもいいでしょう。【越境】はイノベーションのきっかけということができます。

　その際，重要なことがあります。できるだけ遠くに跳ぶことです。近い概念のグループ間の【越境】では，びっくりするような組み合わせは生まれにくい。経験したことのない世界への【越境】で，新結合から新しい価

値が生まれる可能性が高まります。

　　＊新結合：組み合わせたことのないもの同士を組み合わせたり，新しい物事を
　　　導入したりすることでイノベーションが生まれるという考え。シュンペー
　　　ターにより提唱される。

　　＊シュンペーター：オーストリア・ハンガリー帝国，モラヴィア生まれの経済
　　　学者（1883～1950年）。企業の行う不断のイノベーションが経済を変動さ
　　　せ，成長させるという理論を構築した。経済成長の創案者でもある。

　前述した経済産業省との共同事業で，これからの日本に必要なのは組織の中からイノベーション（経済成果をもたらす革新）を生むことだ，という確信を得ました。

　2012～13年に，ある素材メーカーのCTOと，“どうすれば組織の中からイノベーションが生まれるか？”というテーマで2年間にわたって議論するという【越境】をしました。この前後に，ハーバードビジネススクールや東京大学，一橋大学等の経営学の教授に意見を伺い，企業の経営企画部長や研究開発部長等と議論し，イノベーションの起こし方に一定のヒントを得ていました。そこで，このCTOに対して，「研修仕立てでイノベーションを起こしてみませんか？」と提案しました。即座に「是非やりましょう」となりました。

　僕が所属する会社は研修を顧客に提供していますので，その企画・開発・納品の能力はあります。研修とイノベーション自体を繋げ，新結合させようと考えたのです。そして，i-session® が生まれました。研修形式のイノベーション創出プロセスです。当初は「研修でイノベーションが起こせるなら苦労しないよ」と否定的な意見が大半でしたが，今までに約100社／1万3,000名超のビジネスパーソンがi-session® を受講しています。

人脈（ネットワーク）

4つ目は，人脈（ネットワーク）です。それは人との繋がりです。

【越境】することにより今まで所属していたコミュニティから離れます。【越境】先は新しい人たちです。その人たちと対話を繰り返すことで，仲良くなります。【越境】先のコミュニティで一緒に垂直的学習＊をすることで，繋がりがどんどん深まっていきます。今までにない世界の人たちとの交流・交換は，新しい人脈を生み出します。人脈は，繋がり，対話して初めて生じるものです。そこに共通の目的があると，なおさら人脈が強化されると考えます。一緒に何かをつくるといった共体験も，【越境】からの人脈づくりには効果的でしょう。

人生100年時代と叫ばれて久しいですが，長い人生で最大の宝物は家族であり友達だと思います。【越境】することにより，新しい人との繋がり（ネットワーク）ができます。こんな嬉しいことはないと思います。

> ＊垂直的学習：ある分野における知識や技能に熟達し，専門性を高めていくことを志向するタイプの学習。反意概念として，既存の専門分野や組織の境界を越えた相互学習としての水平的学習がある。水平的学習が前提としているのは，VUCAのような環境変化が激しい状況といえる。

2010年の経産省との共同研究を皮切りに，僕は自分自身の研究・事業開発テーマを“イノベーション”と置きました。イノベーションにまつわる活動を生涯続けていこうと思っています。イノベーションとは『経済成果をもたらす革新』であり，その実現のためには，野中先生曰くの『開かれた共同体』，つまり合目的的な開かれた組織・集団が必要なのです。自分の脳内でひたすら革新的なコトについて反芻し続けても，それはイノベーションとはいえません。自分の頭の中にある考えを外に向けて“開いて”

他者と繋がらなければ，新結合は起きないのは自明です。

　そこで，様々な人たちとイノベーションをめぐってインタビュー・対話・議論・パネルディスカッション・対談・共同研究を行ってきました。顧客の人事部や経営企画部，R＆D部門などの方々，大学教授，起業家，投資家，当該社会課題に関する専門家，同業者などです。また，彼らを専門家として研修やセミナーに招聘もしてきました。"組織の中からイノベーションを起こす"という問いは１ミリもぶらさず，彼らと徹底して繋がってきました。その結果，イノベーションを基調テーマとした深くて広いネットワークを得ることができました。ある人とは議論を深め一緒に著作し，別の人にはi-session®で専門家として登壇していただいたり，共同研究をしたり，イノベーションをめぐって合同で事業開発をする人もいます。目的や関係性の深さは様々ですが，この繋がりは，【越境】なくしては全く有り得ません。

　ネットワーク（人との繋がり）は，僕の場合イノベーションを軸にした企業内・企業間・職種間・産官学・労使間・国家間【越境】をすることによって獲得できました。人脈という言葉で軽く流すことができない深い繋がり。とてもありがたいし大事にし続けないといけないと思っています。

対人対応スキル

　５つ目は，対人対応スキルです。

　対人対応スキルとは，コミュニケーション能力と，集団の中の他者との関係を構築する力です。慣れ親しんだ組織から新しい【越境】先に身を移した場合，周りは知らない人だらけです。【越境】し，初めての人たちとの交流をすることで，このスキルは磨かれます。なにせ初めてなので，「はじめまして」から始まり，自分の背景や状況，考えを説明し，相手からも引き出さなければなりません。これは対人対応スキルを養う絶好の機会と

いえます。

　【越境】先のコミュニティが合目的的であればあるほど，深くかつスピーディなコミュニケーションが求められます。【越境】先で自分の存在意義を得るためには，ゼロベースで相手との対話を繰り返す必要があります。試行錯誤の繰り返しです。でも，そんな状況自体が，関係構築の最高の機会です。対人スキル開発には，【越境】は最適な方法ということができます。

　課長や部長に昇進するとか，執行役員や取締役に就任することは，サラリーマンとしては誇らしく，めでたいと言われることが多いです。ただ，僕はリクルートに入社以来，一度も管理職になったことがありません。30歳の時にプレイング・マネージャーになりましたが，管理職ではありませんでした。部下無し課長です。部下（リクルートではメンバーという）がいないので，基本的には1人で仕事をします。以降，公式には1日たりともメンバーを持ったことがなく，対人スキルの本質をなかなか理解できませんでした。

　一方で，プレイング・マネージャーとして営業の仕事を徹底していくと，様々なプロジェクトを任されるようになりました。組成されるプロジェクトチームは部門や職種横断型のことが多く，疑似的／一時的な組織となります。そこでは，目的を決め，短期・中期的な目標を設定し，やることを決め体制や役割を整え，実際にプロジェクトを動かし，モニタリングや軌道修正をして，目標達成を目指し，最終的に目的を完遂したかを評価します。これを，当初はお互いよく知らない人たちと対話しながら行います。プロジェクト・リーダーとして目的や内容をメンバーに伝え，理解を促し目標を達成しなければいけません。"あ・うん"の呼吸は通用しません。この状況は，プロジェクト・メンバーとの関係性を構築するには最適です。僕は数多くのプロジェクトという疑似的な企業内【越境】をすることによっ

て，対人スキルを開発することができたのです。とても貴重な経験でした。

ワクワク感

6つ目に，ワクワク感があります。

【越境】はドキドキです。なにせ，初対面の人たちとの交流をするのですから。しかし，誰でも最初は初対面です。現業の職場にも，最初は全員が【越境】して参加しているはずです。その時にはドキドキしたでしょう。【越境】は，ドキドキの接頭にワクワクが加わります。『ワクワク・ドキドキ』です。ただ，【越境】の度合いが大き過ぎると，『ハラハラ・ドキドキ』になることも有り得ます。このあたりの匙加減は工夫の余地があります。【越境】することで，今までにない自分や経験したことがない事象と遭遇します。初めての体験は緊張します。ドキドキです。でも，自分から飛び込んだ世界なので，きっとワクワクもするでしょう。「へぇ，私ってこんな風に考えるんだ」「なるほど，自分の強みが改めて分かった気がする」「この気づきの先に，新しい生き方がありそうだ」といった感じでしょうか。

リクルートの初任での仕事は，自社の採用業務でした。学生に会い，就職に対する志向や興味・関心を引き出し，自社の魅力を伝え，話が合いそうな先輩と引き合わせ，動機を高め入社を決めてもらう仕事です。会社のことを殆ど理解していない新人に，このような大事な仕事をなぜ任せるのか分かりませんでしたが，次第に自社理解が深まり，学生の就職意向を高められるようになっていきました。一方で，ずっと学生を相手にしているので，ビジネスの世界に足を踏み入れていないのではないかというある種の焦りからか，ずっともやもやしていました。

半年後，本社から上野営業所に人材採用領域の営業として異動しました。最初は営業の仕事が怖かった。お客様に何か言われるのではないかとびく

びくしていました。でも，顧客の経営者や人事の人たちとの対話は新鮮な
ものでした。異動でしたので自律的な【越境】ではありませんでしたが，
営業の仕事を深めるにしたがって，もやもやが解消しワクワク感が増して
きました。

　その後，採用支援業務の領域を拡大する組織の要請と，自分の人材マネ
ジメントに対する興味・関心が符合したため，他部署に【越境】して人材
開発（研修）の仕事を自発的に始めました。これがまた面白い。今までに
ない世界でしたし，学んだことが活かせることもありましたが，全く通用
しないことも多々ありました。新たなワクワク感を得ることができました。

　コンサルティング部隊を立ち上げる話を聞き，人事部長に自分を売り込
みに行き，HC ソリューショングループというコンサルティング部隊に移
ることができました。この【越境】もまた，同じ会社ながら今までとは全
く異なることをやらねばならず，大変でしたがワクワクでした。現在の会
社に出向して以来十余年，自ら設定したイノベーションの事業開発にコ
ミットし続けています。これがまた，分からないことだらけですが，日々
ワクワクし続けています。

　【越境】すると，このように多くのことが獲得できます。【越境】で何を
するのか？　によって異なりますが，【越境】することによって現業での
仕事と同じかそれ以上に豊かで多彩な経験をすることができそうです。そ
こでは辛いこともあるかもしれませんが，得がたい体験や獲得できること
が沢山あるでしょう。ジョーゼフ・キャンベルのいうリターン（得ること）
です（p.16参照）。それは，繰り返しになりますが，ビジネス・リーダー
をつくることになります。このような獲得をしてもらうために，人事部は
【越境】支援を推進していくべきです。

　では，【越境】した人とそうでない人の経験の差や，実際に【越境】し

た人が獲得したことなどを，幾つかの調査結果で確認していきましょう。

【越境】をめぐる実証データ

【越境】経験者と未経験者の違い

[図⑬] 越境経験者と未経験者の会社志向／専門性志向の違い（選択肢を数値化した平均）

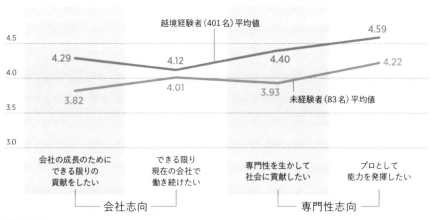

調査概要
■調査対象
従業員300名以上の企業に勤務する，22～49歳の正社員：484名
（5年以内に半年以上継続した越境活動の経験がある人：401名，経験のない人：83名）
※越境活動：現在正社員で勤務している会社での就業以外の活動（ボランティア，地域貢献活動，ビジネススクール，副業，政治活動など）
■調査内容
経験者：活動内容，活動を始めた理由，活動後の変化，活動で得たものを本業に生かそうと思うか
未経験者：経験してみたい活動，活動していない理由
■調査方法：インターネット調査

出所：弊社機関誌 RMS Message vol. 44　特集1「越境の効能」調査報告
　　　https://www.recruit-ms.co.jp/research/journal/pdf/j201611/m44_all.pdf

先ず，越境経験者と未経験者の会社志向と専門性志向の違いについてです。リクルートマネジメントソリューションズの組織行動研究所が，2016年に「越境の効能」について調査しています（**図⑬**参照）。越境経験者は未経験者に比べて，「（所属している）会社の成長のためにできる限りの貢献をしたい」「できる限り現在の会社で働き続けたい」のいずれもが上回りました。【越境】経験者のほうが，未経験者よりも会社志向が高かったということができます。

また，「専門性を生かして社会に貢献したい」「プロとして能力を発揮したい」も高い傾向となりました。【越境】経験者は未経験者に比べて，専門性志向も高かったという結果です。

【越境】経験者の能力の獲得

また，【越境】経験者は，その8割以上が「人的ネットワーク」「新しいものの見方」「人間的な成長」「新しい知識」を獲得しています。また，「現業の仕事の意味や価値を考え」「その範囲をより広く捉えるようになり」「社外の人との繋がりを増やすようになった」との回答を得ています（**図⑭**参照）。【越境】経験者の多くは，繋がり・視野・能力を得て，現業の仕事の変化に活かすようになったということができます。

【越境】がもたらすもの

【越境】がもたらすものは何でしょうか？　2023年にリクルートマネジメントソリューションズが調べた調査では，特に社外【越境】の繋がりにおいて，「アイディア」や「自己有用感」がもたらされたという結果になっています。職場内の繋がりや社内【越境】の繋がりに比べて，特にアイディアが突出してもたらされたことは注目に値するでしょう（**図⑮**参照）。

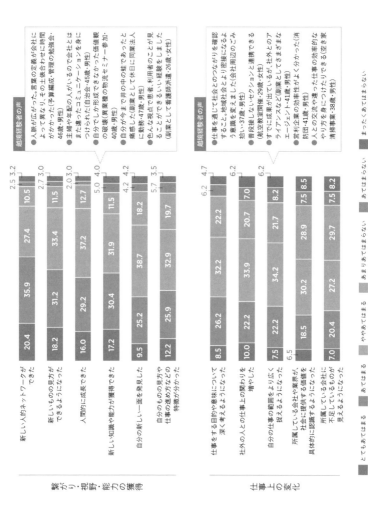

[図14] 越境経験者の能力の獲得

出所：弊社機関誌 RMS Message vol. 44 特集1「越境の効能」調査報告
https://www.recruit-ms.co.jp/research/journal/pdf/j201611/m44_all.pdf

[図⑮] 越境がもたらすもの

直近の「1カ月間」を振り返ってお答えください。
あなたが所属している会社において、次のようなことはあなた自身にどの程度ありましたか。〈単一回答／n=695〉

	仕事上の成果			心理的状態			コミュニティ感覚	
	進捗（"やりがいを感じる仕事が進捗した""仕事の進捗に向けて心が励まされるような出来事があった"など4項目、α=.910)	アイディア（"有用なアイディアを生み出した"の1項目)	生産性（"仕事に注力した""仕事において生産的だった""チームのまとまりに貢献した"の3項目、α=.795)	会社への愛着（"所属組織に愛着を感じる"の1項目)	会社での孤独感（"自分は他の人たちから孤立していると感じる""自分は取り残されていると感じる"など4項目、α=.889)	理念共感と貢献意欲（"この会社の理念に共感している""この会社に貢献したい"など4項目、α=.919)	自己有用感（"自分がこの会社に役立っていると思う""この会社に欠かせない存在だ"など4項目、α=.920)	居心地の良さ（"この会社のメンバーと一緒に活動することが楽しい""この会社の仲間といると落ち着く"など4項目、α=.903)
職場内のつながり	0.28	0.20	0.31	0.33	-0.20	0.32	0.26	0.54
社内越境のつながり	0.19	0.12	0.11	0.11		0.16	0.11	
社外越境のつながり	0.13	0.24		0.15	0.18	0.15	0.17	0.08
家族・友人とのつながり			0.09		-0.12			

※仕事生活上の変数の測定は6件法(1.よくあてはまる、2.あてはまる、3.ややあてはまる、4.あまりあてはまらない、5.あてはまらない、6.まったくあてはまらない)、数値は重回帰分析における標準化回帰係数(5%水準で有意なもののみを記載、濃い黒字は1%水準で有意)。分析にあたって、個人属性(年齢、性別、外向的性格、取得、役職、勤続年数、職務担当年数、部署所属年数、部署異動回数、転職回数、テレワーク実施頻度)および企業属性(従業員規模、業種、社員出社率)を強制投入変数として投入し、それらからの影響を統制した。

出所：リクルートマネジメントソリューションズ 人的つながりに関する実態調査（2023）

【越境】研修前後の経験の違い

　では,現業の仕事と【越境】研修時の経験にどのような違いがあるかを見てみましょう。2019年度から実施している【越境】研修Jammin'受講者に,受講前の仕事経験とJammin'での経験を聞いたところ,「社会課題に触れる」「新しい価値創出を考える」「異業種企業の多様な価値観の人たちとの交流」「今までの知識が通用しない」といった経験を現業の仕事以上にしたことが分かりました(図⑯参照)。Jammin'は【越境】研修なので,この結果はごく当然ともいえますが,現業の仕事経験とのこれだけの乖離は受講者にとって得がたいものになったと思われます。

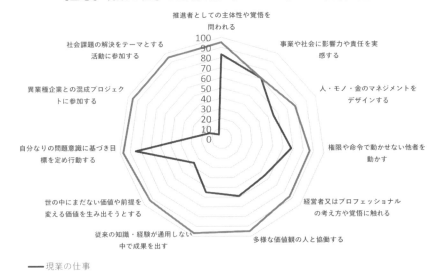

[図⑯] 現業の仕事と越境研修（Jammin'）での経験の違い

事前アンケート：回答期間：2023年8月4日〜8月21日　回答者数：247名
事後アンケート：回答期間：2024年2月19日〜3月1日　回答者数：245名
出所：異業種社会課題解決研修Jammin'　事前／事後アンケート

【越境】とリーダーシップとの繋がり

　【越境】で得られることを，幾つかの調査結果を根拠として示しました。【越境】での経験や【越境】で得られることは，非常に豊かであることが分かります。ここで，【越境】とリーダーシップとの繋がりについても掘り下げてみます。

　先ず，リーダーの機能の先行研究を概観してみます。リーダーとは一体何でしょうか？　1950年代のオハイオ研究あたりから始まり，リーダーとは一体何か？　リーダーが果たすべき機能は何か？　という研究が経営学で盛んになります。

　オハイオ研究（1963）では，「構造づくり」と「配慮」というリーダーの2軸を設定しました。構造づくりとは目標達成に向けて必要な構造や枠組みを部下に与えることです。配慮とは，仕事の場での人間関係を生み出し尊重するリーダー行動と規定しています。

　PM理論の三隅二不二先生は，P（Performance）を集団の目的達成のための機能としました。M（Maintenance）は，集団自体を維持し，強化する機能としています。

　ウォレン・ベニスは，「ビジョン」と「コミュニケーション」を設定しました。ビジョンによる結束は，未来のビジョンの選択・統一・明確化としました。コミュニケーションによる説得は，ビジョンに向けて人を結集させることであり，方向づけによる相互信頼の確立がリーダーに求められるとしました。その他に自己開発の必要性を付記しているのはウォレン・ベニスの特徴です。

　ジョン・コッターの2軸は，「アジェンダ設定」と「ネットワーク構築」

です。アジェンダ設定とは，ビジョン／目標を設定し，目標間の優先順位づけを行うことであり，ネットワーク構築はアジェンダ実現のために必要な対人ネットワークをつくること，としました。

このように，リーダーの機能に関する先行研究をまとめると，リーダーとは，"やることを決めて"，"人を動機づけて動かして実現する"人，ということができます。コッター曰く，アジェンダ（やるべきこと）を設定し，それを実現するべくネットワーク（人を動かすこと）を維持・拡大する，

［図⑰］リーダーの機能の頑強な2軸

リーダーの機能 研究者（学派）	アジェンダ設定 （やることを決める）	ネットワーク構築 （人を動かす）	
オハイオ研究 (1963)	**構造作り** ▸ 目標達成に向けて必要な構造や枠組みを部下に与える	**配慮** ▸ 仕事の場での人間関係を生み出し尊重するリーダー行動	
三隅二不二 (1966，1978)	**Performance** ▸ 集団の目的達成のための機能	**Maintenance** ▸ 集団自体を維持し強化する機能	
ウォレン・ベニス (1985)	**ビジョンによる結束** ▸ 未来のビジョンの選択・統一・明確化	**コミュニケーションによる説得** ▸ ビジョンに向けて人を結集 **方向づけによる信頼獲得** ▸ 相互信頼を確立	**自己開発** ▸ 学習意欲を保有 ▸ 組織学習能力向上
ジョン・コッター (1988)	**アジェンダ設定** ▸ ビジョン／目標の設定 ▸ 目標間の優先順位づけ	**ネットワーク構築** ▸ アジェンダ実現のために必要な対人ネットワーク	

資料：三隅二不二著，『行動計量学シリーズ5　リーダーシップの行動科学』，朝倉書店，1994年
　　　ウォレン・ベニス著，伊東奈美子訳，『リーダーになる［増補改訂版］』，海と月社，2008年
　　　ジョン・P・コッター著，DIAMONDハーバード・ビジネス・レビュー編集部・黒田由貴子・有賀裕子訳，『リーダーシップ論（第2版）』，ダイヤモンド社，2012年
出所：筆者作成

ということです（**図⑰**参照）。

【越境】はリーダーをつくる

前述した【越境】で得られる6つのことと，リーダーの機能の頑強な2軸を掛け合わせると，以下のようになります（**図⑱**参照）。これを注意深く読み解くと，【越境】で得られる様々なことは，リーダーの機能をバランスよく強化することに繋がっていることが分かります。

[図⑱] 【越境】で得られることとリーダーの機能との関係

【越境】で獲得できる事／リーダーの機能	新しい知識	モノの見方の転換	新結合	対人対応スキル	人脈	ワクワク感
アジェンダ設定（やることを決める）	◎	◎	◎	△	△	◎
ネットワーク構築（人・組織を動かす）	△	△	△	◎	◎	◎

出所：『CROSS BORDER 越境思考』筆者作成

昨今は，所謂エース部署からの昇進で社長になるケースよりも，傍流の関係会社への出向経験や，海外子会社や清算が必要な部門・会社でのタフな経験を経て社長になるケースが増えているようです。勿論，ずっと中核事業を経験してきた場合にも，その中で様々な【越境】経験があると思われますが，本流以外の部署や会社での【越境】は，今までにないアジェンダ設定とネットワーク構築を経験せざるを得ない状況になるのでしょう。

【越境】はリーダーをつくるのです。

8

【越境】にデメリットはあるか？

　【越境】はメリットだらけ，という説明をしてきました。【越境】を促進する異業種協働型の研修を数多く企画・開発・運営してきた身としては，【越境】の効果・効能は偽らざるもの，と自信を持ってお伝えできます。とはいえ，他者（他社）との交流や交換をすることで様々なことが起きるのは事実です。そこで，【越境】のデメリットを考えてみましょう。

【越境】すると転職してしまうのでは？

　よく言われることとして，「【越境】経験を経ると転職してしまうのでは？」という心配があります。社員の人事を司る人事部としては気になるところではないでしょうか？　この問題は，以前から MBA に派遣した社員が辞めてしまう，といった話に代表されるように，有り得ることかと思います。今までの自分の仕事や置かれている状況と，【越境】先やその後の状況を比較したうえで，現在地からの離脱を選んでしまう，ということでしょう。確かに，【越境】経験をすると，様々な意味で"隣の芝生が青く見える"ことが起きます。前述した相対化によるものです。一方で，「でも，今の仕事や会社の選択をしたのは自分自身」という揺るぎない事実も

あります。

　千名以上のフラッグシップ企業の次世代リーダーの方々が受講してきた異業種協働型の社会課題解決研修（Jammin'）では，その葛藤の結果が意外なデータとして表れています（図⑲参照）。【越境】経験を経て，自分の会社への愛着的態度や変革的態度がむしろ高まる結果になったのです。【越境】することで，相対化と"相対化返し"ともいうべき内省が促進されたのだと考察しています。【越境】は刺激的な時間ということができますが，その経験を経て，多くの人が自分の仕事の再認識や再定義をしているのでしょう。

[図⑲]【越境】前後の会社に対する態度

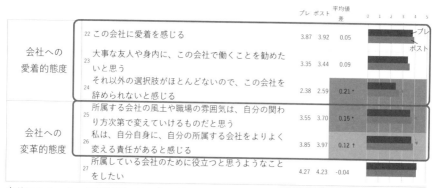

事前アンケート：回答期間：2023年8月4日～8月21日　回答者数：247名
事後アンケート：回答期間：2024年2月19日～3月1日　回答者数：245名
出所：異業種社会課題解決研修 Jammin'　事前／事後アンケート

副業での【越境】は，情報漏洩や健康面でのリスクに繋がるのでは？

　【越境】して副業をする人をイメージしてみましょう。現代は副業が多くの企業で認められています。2018年に政府が「副業・兼業の促進に関するガイドライン」を策定し，それまでの副業禁止の方向から大きく舵を切りました。そのデメリットは，会社にとっては情報漏洩や副業する社員の健康面でのリスクなどが挙げられます。知的財産がビジネスのカギとなる企業にとって，その維持管理は重要課題です。適切なマネジメントをしたうえで，競争力の維持拡大に繋げていかなければなりません。また，副業での労働時間がかさむことで健康を害してしまっては元も子もありません。本業との労働時間のバランスを考慮することが，社員には求められます。

　一方で，政府が方針転換して副業を推進し始めている理由は，社員にとっても会社にとってもメリットがあると考えているからです。社員にとってのメリットとして，収入増加やスキルアップ，キャリア形成，自己実現の追求などがあります。会社としても，社員の生産性や自主性，個人としての競争力の向上，新たな人脈からの事業拡大に繋がる可能性などのメリットはありそうです。

　副業のような【越境】促進をする際に，人事部は情報漏洩や健康面でのリスクの防止策を実施しながら，デメリットを補って余りあるメリットを享受できるようにするべきでしょう。

【越境】すると，現業のパフォーマンスが低下するのでは？

　【越境】時の現業のパフォーマンスについて，労働時間の観点で見てみます。ヒト・モノ・カネ・情報などの中で，時間も大事な経営資源といえます。【越境】する社員の多くは，所謂"働き盛り"の人たちです。特に30代は，現業での仕事が会社にとってなくてはならないものとなっていることが多い。その人たちが【越境】すると中核となっている事業が回らなくなってしまうことが考えらえます。それでは本末転倒でしょう。ただ，バランスをとることはできそうです。リクルートマネジメントソリューションズには，「キャリア・プラス」という社内【越境】制度があります。ミッションの割合を100とした場合，自部門での仕事以外に10までの範囲で【越境】して仕事をすることができる仕組みです。三菱商事も業務時間の15％を別の部署の業務に充てることができる仕組みを導入しています（NHK 2023年2月1日より）。現業の仕事の時間は100から90，85に減りますが，この程度であればパーフォマンスの低下はあまりなく，補える範囲内でしょう。

　また，出向のように完全に【越境】するケースも近年増えているようです。官公庁への任用や，ローンディールのようなスタートアップ・ベンチャー企業へのレンタル移籍だと，労働時間の全てを【越境】先で過ごすことになります。ただ，任期付き任用のように【越境】する期間は事前に決められることが多いので，人事部は【越境】しているときの人的経営資源は代替しつつ，未来をイメージしながら管理しておくといいと思います。

【越境】すると，【越境】者の自己肯定感が下がるのでは？

　人によりますが，【越境】すると自己肯定感が下がることがあります。現業で自分はガンガン成果を出していてイケてると思っていた人が，【越境】先で他流試合を経験し「井の中の蛙大海を知らず」感を抱いてしまうケースです。ちっぽけな自分を【越境】によって感じ，自己肯定感が下がったとするならば，それは大事な気づきでしょう。大海は深く広い。自分が所属している井と，自分の蛙たる所以を冷静に見つめることが，【越境】者には求められます。そして，大海での経験や学びを井にフィードバックできる人が，組織に活性化をもたらしてくれます。人の話を聞かない独善的なハイパフォーマーは【越境】には向きません。その意味では，経験から虚心坦懐に学ぶ力が大きい人を【越境】者に選ぶ工夫は必要でしょう。

　【越境】して自己肯定感が下がることをデメリットとは捉えずに，本人の気づきを力に変えていける支援をすることで，メリットに繋げていくべきでしょう。

【越境】すると，自身が異質な存在だと気づき，現業への求心力が減少するのでは？

　【越境】先のコミュニティで自己肯定感が上がり，現業の組織・会社への肯定感が相対的に下がってしまうことも有り得ます。自分は今の組織の中では異質な存在なのだ，と気づく感じです。組織で"浮いた"存在であ

ることが，図らずも【越境】することによって分かってしまうのです。高い同質性が現業の組織でのパフォーマンスに繋がっている場合は，このケースはデメリットになることもあります。一方で，VUCA という言葉が一般名詞と化しているように，これだけ変化対応の重要性が叫ばれている時代もありません。ダイバーシティとは多様性であり，異質な存在はこれから先の未来には大いに求められます。

　この【越境】者の異質さは，組織が真に異質を求めていること，多様性は変化対応の必要性の中でこそ活かされること，を認識することによって，デメリットではなくメリットになっていくことと思います。異能・異端者が増えていくと，自ずと組織が開かれていきます。同質者の集団よりも外部環境への変化対応のセンサーの感度が上がることは間違いないと思います。そのためにも，【越境】者の異質さを "はみだし者" として扱うことはあってはならないのです。

　幾つか，【越境】のデメリットを記しました。自社の人材マネジメントの原則に，「うちの会社で言われたことをやっていれば，悪いようにはしない」といった拘束型の考えがある場合は，【越境】はデメリットが際立つ行為・行動であるといえます。一方で，外部環境変化に対応する必要性を強く感じている企業・組織であれば，【越境】のデメリットをメリットに変えていけるはずです。人事部が主体となって社員の【越境】促進をしつつ，【越境】のデメリットが生じないような施策や制度，工夫を行っていきましょう。

9

【越境】の対象者は？
【越境】を促進すべき企業は？
【越境】の動向は？

　ここでは，【越境】の対象者，【越境】を促進すべき企業，【越境】をめぐる現在の動向について掘り下げていきます。先ず，【越境】させるべき対象者はどんな人が望ましいかについて考えます。

【越境】の対象者は？

　【越境】の動きを，アンゾフのマトリクスになぞらえて≪個人アンゾフのマトリクス≫の図でイメージしました（p.62, 図⑦参照）。居場所を越える，自身の提供価値を越える，両方を越えることが，ビジネス・パーソンの【越境】ということができます。自律的・自発的に【越境】する場合も，人事異動のように半ば強制力を発揮させて【越境】してもらう場合でも，【越境】する人には少なからずエネルギーが必要です。【越境】は変化が大前提であり，変化には動的に対応しなければいけないからです。

　このことを踏まえると，どんな人を【越境】させるべきかの対偶，つまり【越境】させるべきではない人，が露わになります。それは変化対応を好まない人です。言われたことをきちんとやることに働き甲斐を見出す人はいます。組織としての指示が適切であれば，"指示待ち"して行動する

ことに一定の価値が組織に宿ります。ネガティブな意味で使うことが多い"指示待ち"ですが，指示を待つことは合理的・効果的である場合もあるのです。

ただ，外部環境がこれほど変化している時代には，多くの個人も変化対応をしないといけません。"指示待ち"的な考え方を持った人を【越境】させるべきではないでしょう。【越境】先のコミュニティでは，自立性・自発性が求められます。ぼーっとして変化対応を好まない人は【越境】には不向きです。

エースを【越境】させるべきか？

結論からいうと，エースこそ【越境】させるべきでしょう。【越境】研修には，事業部から推薦された人が参加するケースがあります。その際，現場にとって必要欠くべからざるエースは選ばれないことが多い。エースを【越境】させることで，組織パフォーマンスが落ちると考えるのでしょう。一見すると当然のようです。「あの人を【越境】させたら，現場はどうなるのだ？　回らなくなるぞ」という声によりエースを【越境】させられないという場面を何度も見てきました。でも，代替はできます。エースが処々の事情で現場から離れて，事業や組織が瓦解したことはあまり聞きません。事業推進の穴が開いたとしても，誰かが補完します。その誰かにとっては，抜擢のチャンスでもあります。エースがいなくなると一時的に現場が混乱する可能性はありますが，カオスからの自己組織化に期待すべきです。エースこそ【越境】し，更に自分を磨き多様な経験をして，リーダーとして組織や会社に貢献していくべきと思います。送り出した組織側は，【越境】したエースの未来を想起し，期待すべきです。それが中長期的には，エース本人や会社にとって有益なこととなります。

社員全員を【越境】させるべきか，一部の社員か？

　【越境】研修を主宰し，数多くの【越境】経験をした人たちを見てきた立場からすると，できるだけ多くの社員を【越境】させるべきです。2023年にトヨタ自動車は，管理職になる前の社員全員が社外経験を積む，ということに関して労使合意をしています（日刊工業新聞 2023年3月16日）。社外経験を【越境】と置き換えても差し支えないと思います。その方法を出向・出張・研修としています。トヨタ自動車単体の従業員数は約7万人なので，人数規模では数万人を【越境】させるということです。これはモビリティ・カンパニーへの移行を踏まえた布石のように感じます。MAAS企業になるためには，全社員にクルマづくり企業としての経験以外の何かを獲得するべき，と考えているのではないでしょうか？

　社員全員を【越境】させるべきか否か，ということに関しては，今までに大企業の経営者と何度か議論したことがあります。彼らの答えは，「全員なんてもってのほかです。ごく一部の人たちで十分です」でした。社員を【越境】させる意味・価値をどう置くかにもよりますが，1つだけ確かなことがあります。社員全員を【越境】させると，一部の社員が【越境】するのに比べて間違いなく【越境】することによる"社会的接地面"が増えるということです。外部環境変化の受容体はなるべく多いほうがいいでしょう。そう考えると，トヨタ自動車の決定は理に叶っていると思います。勿論，【越境】の内容にもよります。社員全員が半年間の【越境】研修に派遣したり，数年間の出向をしたりすることになれば，事業は回らなくなります。そこは【越境】施策の期間や内容によって担保するべきです。全社員を【越境】させるために人事部は何ができるのか？　という極端な状況を考えたうえで，適切な方法で社員の【越境】促進を実行すべきと思います。

どんな企業が，社員の【越境】をさせるべきか？

　ここで，社員を【越境】させるべき企業についてイメージしてみましょう。果たしてどのような企業が社員を【越境】させるべきでしょうか？

　【越境】の必要性は事業の発展段階と関係しているといえそうです。例えば，創業して間もないスタートアップ企業であれば，凝集性で物事を徹底して進めるべき時期なので，社員を【越境】させる必要はないと思われます。社員一人ひとりの仕事の領域が明確に定まっていないため，何でもやらなければならない状況です。日々環境変化に対応する【越境】活動をしているともいえます。勿論，事業が成長し，組織の構成員が増え，仕事の範囲や役割が規定され，管理職が増えてくると，状況に応じた【越境】は必要となってくるでしょう。ただ，一人ひとりの仕事自体が事業の全体感を掴むことができている場合は，【越境】は必要ないともいえます。

　一方で，事業が成長・成熟した企業の場合はどうでしょうか？　2010年度に経済産業省と共同研究を実施しました。前述した「フロンティア人材調査事業」です。そのときに，企業の発展段階のダイナミズムを考案しました（図⑳参照）。

　横軸に創造と改善，縦軸にアソビの許容と効率の追求を置き，企業が発展していく流れを示したものです。M＆Aの場合を除いて，殆どの企業は顧客に対して何かしらの価値を提供し，対価を得ることを最初はゼロから始めて，規模を拡大させていきます。市場内での競争に敗れると存続できなくなり，市場からの退出を余儀なくされます。もし今この瞬間に企業として存在しているということは，提供価値を磨き続け，何かしらの勝ちパターンを獲得している状態にあるといっていいでしょう。成長し成熟す

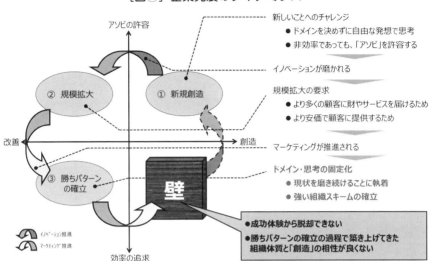

出所：経済産業省「フロンティア人材調査事業」を基に筆者作成

ると，それ自体が壁となります。成功体験や考え方に拘泥されていきます。ここが【越境】の出番です。外部環境変化のセンサーとしての社員の【越境】行為が求められます。社員が【越境】するということは，組織が外に開いていくことです。変化対応組織になっていくということです。そして，前述しましたが，センサーは多ければ多いほどいい。社員をタコ壺から出して，大海を自由自在に泳いでもらうべきです。

　皆さんの企業はどの位置にありますでしょうか？　第一象限（図⑳右上）にある場合は，上述したスタートアップ企業や，未成熟な市場に対峙している企業かと思いますので，社員を【越境】させる必要性はないでしょう。第二象限（同左上）にある企業も，事業推進に徹底して取り組むべきであり，それほど【越境】は必要ないかと思われます。第三・第四象限（同下）にある場合は，社員を【越境】させるべきでしょう。特に，固定的考え方が蔓延し，組織が内に籠っていて，イノベーティブな出来事や商品・

サービスが生まれにくくなっている企業は，社員を積極的に【越境】させるべきかと思います。【越境】という行為を外部環境変化に対応するための戦略的手段と捉え，【越境】の機運を醸成し，【越境】支援の環境を整え，【越境】者をサポートしていくことが人事部に強く求められます。

【越境】の現在の動向は？

この【越境】ですが，時代の大きな流れになっているのは自明かと思います。日本経団連が会員企業に対して【越境】を促進しているかどうかの

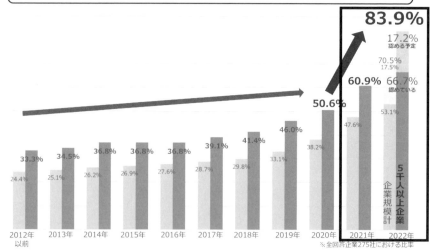

［図㉑］社外への送出（副業・兼業）を認めている企業の割合

○ **常用労働者数が5000人以上の企業**は、2022年では**83.9%**が「**認めている**」または「**認める予定**」と回答し、企業規模計を上回る増加率となっている。

注1：5,000人以上企業・企業規模計
注2：囲みは筆者追加
出所：経団連「副業・兼業に関するアンケート調査結果」（2022）
　　　https://www.keidanren.or.jp/journal/times/2022/1027_04.html

調査を行いました（**図㉑**参照）。その結果，特に大手企業では8割強が社外への送出（副業・兼業）を認めているという結果になりました。【越境】を認めることは，企業にとってごく普通のこととなりつつあります。ただ，【越境】の現状を幾つかの企業に聞いてみると，副業・兼業がOKの制度をつくったものの，活用して【越境】している社員はごく少数という実態が見えてきました。【越境】支援の制度は必要ですが，活用されるようにしかけていかないといけません。このあたりは大きな課題といえます。【越境】浸透のムーヴメントをつくることが求められています。

【越境】の事例

　このように，大企業においては一般的になりつつある【越境】ですが，実際にフラッグシップ企業においてはどのような試みを行っているのでしょうか？　幾つかの事例を見ていきたいと思います。

　三菱商事は，2023年から，業務時間の15％を別の部署の業務に充てることができる仕組みを導入しました。これは社内【越境】制度といえます。また，新しい部署への異動を希望できる機会を，年1回から2回に増やし，同じ部署で1年間勤務すれば，上司の承認がなくても異動希望を申請できるように緩和しました。自己申告による異動申請を増やすことも社内【越境】支援ということができます。このような社内【越境】施策は，社員に多様なスキルを取得しやすくし，会社としては競争力の強化に繋げる狙いがあると思われます。

　野村グループ（野村證券）は，実践的な【越境】研修を通じて，社員自

身の殻を破ることを推進しています（リクルートマネジメントソリューションズウェブサイト　https://www.recruit-ms.co.jp/issue/column/0000001124/より）。その背景としては，金融機関としての役割が幅広くなり，顧客ニーズは更なる多様化，深化をしていることが挙げられます。その変化に対応できる人材の育成を図るため，野村のカルチャーを俯瞰して見る，外の世界を体験する，刺激を持ち帰る機会を人材開発部が積極的に提供しています。ベンチャー出向研修は1年間の野村グループ以外のベンチャー企業への出向を通じ，多様なスキル，経験，ビジネスナレッジを獲得するものです。野村新世代育成プログラムはサステナビリティをテーマに，社外【越境】型の研修を公募選抜形式で実施しています。いずれも野村の殻を破り，既存から新規へのパラダイムシフトを促すために，社員の【越境】を支援しているかたちです。

　Googleの20％ルールも【越境】の1つといえそうです（『ワーク・ルールズ！』より）。新しいことに挑戦する経験を通じて学びを深める目的で実施しており，業務時間の20％を自分の好きなことに使っていいというルールです。20％をいつ自分の自由な研究に使うかは各人の裁量に任されています。この制度の下で社員が【越境】して新しいことに挑戦し，優れたアイディアが生まれる企業文化の醸成に繋がっていると考えられます。

　他にも【越境】施策を導入している企業は増えている印象です。【越境】施策の目的・対象・成果はそれぞれに異なりますが，この流れはここ数年加速しているようです。【越境】したいと考えている人にとって時代が後押ししている今は，【越境】しやすいということができそうです。同時に，【越境】支援も加速させやすい状況にあります。

10

【越境】を促進させるためには【越境】の概念浸透が必要

　では，【越境】支援は企業内でどのように行うといいのでしょうか？幾つかの観点で見ていきましょう。

社員が自律的に【越境】するようになるのは難しい

　組織の中に今までにない新しい考え方や概念を浸透させることは，非常に難しい。今までの慣例・慣行・組織風土・意志決定の基準値・なんとなくの空気・常識などが根太くはびこっているからです。【越境】についての考え方も同様です。今までは「この仕事をしてくれれば悪いようにしない」という組織側の要請に，社員は愚直に応えてきたといってもいいでしょう。以前はよく言われていましたが，所謂歯車です。ここにきて急に，【越境】しよう，とか，キャリア自律が大事，と言ってみたところで，社員や組織を動かすことは容易ではありません。「企業変革」と書くことはごく簡単ですが，社員も組織もそんなに甘くありません。岩盤は頑強であり，ちょっとやそっとのことでは1ミリも動かすことはできません。

【越境】の概念浸透を行うべき
～概念浸透モデルの4つのレバーを動かす～

　そこで必要なのは，体系立てた概念浸透の考え方の導入です。下記図㉒をご覧ください。これは，組織内に【越境】の概念を浸透させるモデルです。何かしらの考え方や概念を組織内に浸透，共有，体質化させるためには何が必要なのかを，野中先生のSECIモデル，ダニエル・キムのナレッジマネジメント，宗教や水道哲学等の普及，などを参照にしながら，2006年にリクルートHCソリューショングループが策定したものです。浸透させる概念を【越境】と置いた場合の概念浸透モデルの4つのレバーの内容を示していきます。この4つのレバーを有効に機能させなければ，【越境】

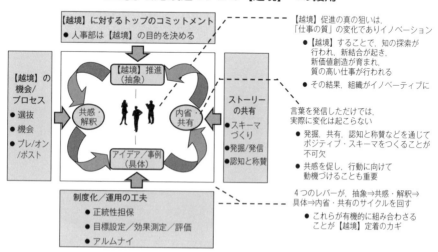

[図㉒] 概念浸透モデルの【越境】への援用

出所：リクルートHCソリューショングループの概念浸透の考えを基に筆者作成

の概念浸透は難しいです。体系的・立体的に各々の領域を機能させなければなりません。このような対応策をとらない限り，【越境】が組織に浸透し社員が体現することは難しいと思われます。なぜなら，組織は過去の慣行や古いパラダイムの慣性を引きずっているからです。

　では，トップのコミットメント，目的の設定，から順番に見ていきましょう。

先ず必要なのはトップのコミットメント

　概念浸透の最初の大事なレバーは，トップのコミットメント／人事部の目的設定です。

　何かしらの概念を組織内に浸透させる際に，先ず必要なのはトップのコミットメントです。概念浸透の際には，浸透させる概念の内容や目的，意味や価値について説明し，オーナーシップをとってもらう必要があります。組織内，特にヒエラルキー型の組織であればなおさらトップの影響力は大きく，昨今はコンプライアンスが順守される傾向が更に高まっているので，トップの責任範囲がより一層拡大しているように思えます。

　経営者が事象（この場合は【越境】の必要性）に対して本気であり，それを執拗に言い続けなければ，「また，何か始まった」と現場は白けてしまいます。オーナー経営者の場合は，経営の連続性が比較的担保されるので，トップのコミットメントが継続しやすいですが，雇われ経営者であれば長年経営を続けることが難しい。であれば，経営理念やミッション・ビジョン・バリュー等に【越境】のコンセプトを入れ込んでおくべきです。幸いなことに，VUCA の時代と言われる現代は，経営方針と【越境】の概念の親和性が高い。そのことを踏まえると，雇われ経営者であっても，【越境】に対するコミットメントを得られやすいといえます。

　経営者にコミットメントを得る際のテクニックがあります。それは，経

営者自身の【越境】経験と学びに共通認識を持つということです。以前は主力事業のエースがトップになることが多かったと思いますが，変化対応の必要性が高まっている現在，タフな【越境】経験をしてきた人が経営者になるケースが増えています。Ｍ＆Ａやアライアンスで組織を外に開く機会が増える中で，外部人材や外国人がトップになることも珍しくなくなってきました。そのような経営者は大なり小なり【越境】しているので，そこでの経験や学びを踏まえて，【越境】施策の理解促進とコミットメント醸成に繋げていくといいでしょう。リクルートマネジメントソリューションズが主宰している【越境】研修に積極的に社員を派遣しているある企業の人事部長は，過去に地方創生系の【越境】研修に自ら参加していました。そのときの経験を社員にさせたいという強い思いが，積極的な社員派遣に結びついていました。事程左様に，経営者自身の【越境】経験と学びを前提としたコミットメントの促進は効果的です。

●人事部は【越境】の目的を考える

　トップの【越境】に対するコミットメントを獲得するとともに，【越境】支援の主体者たる人事部は，【越境】の目的を検討しなければなりません。【越境】もしくは【越境】学習をどう位置づけるかを考えたいです。

　【越境】の目的については，組織内で何かしらの合意が必要です。本書では，『企業活動をするうえで資本市場と商品市場とのコミュニケーションに【越境】が求められている。それは外部環境に対する変化対応そのもの。労働市場の主たるプレイヤーである社員も変化対応の必要性を踏まえて【越境】するべき。社員の【越境】を後押しする存在として人事部があり，【越境】促進をする必要がある』，という流れで論じてきました。【越境】の真の目的は何か？　社員が【越境】により多種多様な経験をし，学習を加速させ，ポテンシャルを開花させることで，企業としての競争力を高め，

パフォーマンスを向上させるということを記してきましたが、果たして自社ではどうか？　を検討する必要があります。

　その際、自社の人材マネジメントポリシーとの整合性を考えるといいでしょう。人材マネジメントポリシーを検討する際の12の軸を提示します（図㉓参照／リクルートワークス研究所より一部引用）。社員にどう働いてもらうか？　に関する基本的な考え方である人材マネジメントポリシー（人事理念）と、【越境】の考え方が著しく乖離していたら、組織の中での【越境】の考え方の定着は覚束ないでしょう。明確な人材マネジメントポリシーがなければ、自社が今までどのようにして社員を処遇してきたのか？　を考えてみるといいかもしれません。その際に、以下の項目でどちらの方向なのかを議論してみるのもいいでしょう。【越境】推進は概ね右側の考え方とフィットする感じですが、左側の項目が当てはまるとしても、

[図㉓] 人材マネジメントポリシーの12の軸

出所：リクルートワークス研究所「人材マネジメント調査2005」を基に筆者作成

その状況を認識して【越境】推進をしていけばいいと思います。

　トップの【越境】に対するコミットメント獲得と，人事部での【越境】の目的設定が，【越境】概念を組織に浸透させる大前提であり，必要条件となります。

【越境】の機会／プロセス

　概念浸透の2つ目のレバーは，**図㉒**（p.122）の左側にある機会／プロセス，言い換えると仕掛けづくりです。【越境】の考え方を組織に浸透・定着化させるためには，【越境】推進の仕掛けがなければなりません。例えば，社員の【越境】を自己啓発的に推進するにしても，その支援策を講じるべきです。現在の人材不足で猫の手も借りたい状況では，なかなか自己啓発にのみ頼っていては【越境】は促進されないからです。そこで，個人アンゾフのマトリクスの考えに従って，社員を【越境】させる仕掛けを全方位的に推進するといいでしょう。具体的な中身は第6章を参考にしていただくとして，ここでは仕掛けを実際に効果的に動かしていくためのポイントについて考えてみます。

●誰を選ぶか

　【越境】の対象者をどう選ぶかが，仕掛けを動かす際のキモです。人材不足の現在，多くの社員は現業で"いっぱい・いっぱい"になっている可能性が高い。そんな忙しい状況下では，【越境】しようとする人の自由意志を尊重すべきです。【越境】研修を数多く実施してきた立場で見えてきたことは，指名・推薦で【越境】者を決める場合と，公募・手上げで【越境】者を選ぶ場合とでは，【越境】先での活動へのコミット感が異なるということです。勿論，指名・推薦で"選ばれし"感を醸成することで，受講者のモチベーションが高まり，【越境】活動を有意なものにすることが

できる人も多い。一方で，意に反して「選ばれるのはありがたいけど，なぜこの忙しい時期に？」といった気持ちのまま参加する人もいます。忙しい状況が変わらないと，気持ちが萎えたまま【越境】活動に取り組むことになり，いい成果を出せない場合もあります。

　公募・手上げで【越境】者を選ぶ場合は，本人の意志が大前提のため，基本的には皆さんやる気満々です。【越境】に対するエネルギーは十分にあると捉えていいでしょう。エントリーシートや動画プレゼンなどで応募の本気度合いを確かめることも大切です。自己アピールをする際には自分自身について考えるので，内省の機会としても機能します。公募型の場合，誰でも【越境】OK というより，何かしらの条件や基準を設けることをお勧めします。

　ただ，真に忙しい部門からのエントリーだと，意志を持って【越境】したい人に，「現場に迷惑をかけたくない」という気遣いや忖度が生じることもありそうです。そんなことがないように，上司や職場全体が【越境】に対して好意的・支援的な機運をつくることが必要です。詳細は後述しますが，【越境】が当該企業の経営戦略と真にリンクしていると，応援観が醸成されるのでこのような遠慮はなくなっていくでしょう。

　人事部は，社員が【越境】する背中をちょっと押してあげることが大切です。これまで述べてきたように，【越境】方法は様々ありますし，その制度整備をするのは主に人事部の仕事といっていいでしょう。人事部は，【越境】の対象者を指名・推薦式，公募・手上げ式，いずれかの形式で選びつつ，【越境】者の意志を大切にした運用をしていくべきかと思います。【越境】の機会を適切に提供しつつ，【越境】へのエントリーを促進し，【越境】中や【越境】後のフォローをすることが人事部には求められます。意志ある人が提供された機会を有効活用するためには，組織内のムードを醸成することが必要です。それも人事部の仕事といっていいでしょう。

●【越境】支援施策

　では，具体的に社員の【越境】を促進するための仕掛けの具体策を再掲します（詳細は，**第6章**参照）。

　Ａ：個人アンゾフでの下シフト（開拓者になる）

　自身の居場所（部署／職場など）を【越境】し，今までにない経験からの学びを深める領域が，個人アンゾフでの下シフトです。開拓者になる具体策です。

- ✧　人事異動（同職種）
- ✧　自己申告制度
- ✧　社内人材公募
- ✧　社内【越境】研修
- ✧　社内プロジェクト募集
- ✧　出向
- ✧　出張（国内，海外）
- ✧　海外赴任
- ✧　大学での企業説明会などに参加
- ✧　イントラ上での社内コミュニティへの参加
- ✧　ワーケーション　など

　Ｂ：個人アンゾフでの右シフト（開発者になる）

　自身の提供価値（スキル／スタンスなど）を新たに獲得するための【越境】として，個人アンゾフでの右シフトを実現して，開発者になることが挙げられます。以下が具体策です。

- ✧　人事異動（別職種）

◇　個人内【越境】

- キャリア研修
- スキル研修全般
- リーダー研修
- マネジメント研修

◇　経営者との対話

◇　学生（労働市場）との対話　など

C：個人アンゾフでの右下シフト（変革者になる）

　自身の居場所（部署／職場など）と提供価値（スキル／スタンスなど）の両方を【越境】し，変革者になる領域が，個人アンゾフでの右下シフトです。具体策を提示します。

◇　異業種協働型【越境】研修（長期間）

◇　異業種協働型【越境】研修（短期間）

◇　企業間プロジェクトへの派遣

◇　副業・兼業

◇　任期付任用への派遣

◇　海外研修

◇　MBA 取得　など

　個人アンゾフのマトリクス上での【越境】施策を再掲しました。改めて，殆どの【越境】支援施策は人事部が処すことができることに気づきました。下／右／右下シフトいずれも未知なるコミュニティへの【越境】です。社員の【越境】促進を人事部が先導して行うことで，企業のパフォーマンスを高めることができます。

● 【越境】のプレ／オン／ポスト対応

　【越境】支援施策を講じる際，その有効化のポイントとして大事なのが，【越境】のプレ／オン／ポストでの対応です。【越境】研修をイメージしてみます。

　プレ（【越境】前）では，当事者が参加する事前説明会の開催や上司・人事・（トレーナー）との面談，目的・目標・目指す姿の設定，行動レベルでの"覚悟"と"合意"が必要となります。

　オン（【越境】中）では，特に1 on 1による状況共有が有効です。「きちんと人事や現場がケアしている」ということを伝え，【越境】者の状況把握をし，一人ひとりの支援をすることが大切です。

　ポスト（【越境】後）は，学びの共有や実践を促進する機会をつくることが有効です。その学びをデータ化し，【越境】者の【越境】後の行動と紐づけて，経年での変化を追うことによって，【越境】学習のデータベースをつくり，自社固有のリーダー開発ラダーをつくることも可能となります。

　【越境】の機会／プロセスの推進ポイントを記しました。自主的・自発的に越境する社員は多くないことを前提に，自社の状況に応じて仕掛けを講じるだけでなく，【越境】のプレ／オン／ポストにおける状況共有とサポートをする必要があります。

【越境】ストーリーの共有

　概念浸透の３つ目のレバーがストーリーの共有です（p.122，**図㉒**の右側参照）。【越境】の機会／プロセスを提供することは謂わばハードの手当てです。ストーリーの共有とはソフトです。つまり，コンテンツ作成とその共有をするべきということです。どのようなことなのか考えてみましょう。

先ず，ストーリーの中身についてです。【越境】したことで今までにない経験をして，そこから何かしらを学び，学習内容を自分や自社に援用・昇華し，次なるアクションに繋げている，ということを，ストーリーの基本とします。ストーリーとは物語であり，起承転結がありそうです。【越境】先のコミュニティでの出来事はご機嫌で順風満帆なことばかりではないでしょう。メジローの変容理論が示す矛盾→ジレンマの状況の中にこそ，成長の根っこがあると思います。

【越境】者によって獲得したことは様々でしょう。新しい知識，モノの見方の転換，新結合（イノベーション），人脈（ネットワーク），対人対応スキル，ワクワク感。この6つを【越境】によって得られることとして示しました。ポイントは，これらの得られたことと自分／自社との掛け合わせです。「勉強になりました」で終わってしまったら，真の【越境】の価値はありません。現在と近未来の自分／自社に繋げていくことができ，それが宣言できると，ストーリーとして意味を持たせることができます。それを【越境】者が自ら語ることが望ましいでしょう。

● 【越境】のポジティブなスキーマ・チェンジ

では，共有について考えてみます。【越境】ストーリーの共有とは，【越境】するといいことがある，との認識をつくっていくことです。プラスのスキーマ・チェンジを起こすことが大切です。心理学上のスキーマ*とは，「こうすると，こうなる」という認識のことであり，どちらかというとネガティブに捉えられてきました。「こうすると，こうなって，結局いいことがない…」といった感じです。それが大勢を占めると，組織の中で人は「こうすると」の行動をしなくなるのです。

【越境】をめぐってポジティブなスキーマ・チェンジを起こすとどうなるでしょうか？　代表的なものは，【越境】のキャリアモデルの提示です。

「あの人は【越境】経験を経て，次のキャリアをつくった。カッコいいな」
といったものです。ふと思ったのですが，今までも MBA 留学後に社内の
要職に就いてキャリアの階段を登った人をめぐって，ポジティブなスキー
マがあったのでしょう。それゆえ，「自分も MBA を取得しよう」という
モチベーションに繋がったのかと思います。ただ，それは一部の人のみの
話として語り継がれてきたのかもしれません。外部環境の変化が非常に激
しい現代，世界的にリーダーの総力戦が求められています。一部のエリー
トが企業を動かす時代ではありません。であるならば，多くの次世代リー
ダーを開発するために，多くの人材を【越境】させるべきです。【越境】
経験は，それを望む全ての社員に開かれていくべきです。【越境】施策が，
社員の自律的キャリア開発と繋がることによって，多くのリーダーを輩出
することになると思われます。

> ＊スキーマ：心理学上では，人間が経験の積み重ねにより獲得する，長期記憶
> に貯蔵されている出来事や行為等の一般的知識のこと。バートレット
> （1932）によって提唱された。

●認知と称賛

　ポジティブなスキーマを組織内に浸透させるためにも，【越境】した人
への認知と称賛は大事です。組織内で，【越境】アワード的なことを意識
的・意図的に実施するのもいいでしょう。そこでは，経営幹部の承認が有
効です。経営者の【越境】施策に対する理解も進むことと思われます。

　アワードのような褒賞を通じて【越境】の意味・価値を自分事化するた
めに有効なのは，アワードの選定基準を公開し，例えば社員総会などの機
会で【越境】アワード候補者の【越境】活動と学びなどのプレゼンを聞い
たうえで，社員が審査員として投票するというものです。投票することに

はある種の責任が生じます。【越境】した人の話を真剣に聞かざるを得ない状況になります。投票の総体で【越境】アワードが決まり，受賞者が認知・称賛されると，選定基準を踏まえて投票した社員にも【越境】の機運が自然と伝播していきます。社員が【越境】の評価をして，組織は認知と称賛を徹底し，組織内の【越境】のムーヴメントを加速させる仕掛けです。

　ただ，上述した社員総会のような場は限られますし，【越境】者の認知・称賛に割ける時間も多くないでしょう。そこは，広報部の出番です。【越境】者の【越境】のプレ／オン／ポストを丁寧に取材し，自社の社内報やイントラネットなどのコミュニケーション・メディアを通じて，周知していくべきかと思います。メディアに登場すること自体が何かしらの栄誉である場合が多いと思いますので，その場面に意図的に【越境】者を登場してもらうのです。

●労働市場とのコミュニケーション

　採用のウェブサイトに【越境】者を掲載するのも有効です。【越境】することで経験から学び，組織内に閉じていては得られない新しい知識を獲得し，自社と他社との新結合で今までにない価値を創出したストーリーを示せれば，“自社外” 労働市場に対してインパクトを与えることができます。それを継続していくと，自社の「就職ブランド」，つまり “将来自社で働くことによって得られる精神的・実利的価値の約束 “の前提が変わってきます。自社外労働市場から見ると，「この会社は外に開いて新しい価値を創出している」というイメージに変容していくと思われます。パーセプション（見られ方）が変わるのです。その延長線上で，実際に就職・転職してくる人に【越境】的志向が増えてくると，【越境】の概念浸透が加速していくことになります。イノベーションを生み出す組織としての大前提

であり，野中郁次郎先生が主張している"開かれた共同体"としてのパーセプションを獲得することになるのです。

　【越境】ストーリーの共有のポイントを示しました。【越境】の概念浸透を促していくためには，組織の中でのある種の"常識"を変えていく必要があります。日本企業の多くは，タコ壺や歯車の揶揄が通用するように，"閉じて"事業推進してきたと思います。僕のお客様でも，自社を"村社会"と自嘲する人事部長は1人，2人ではありませんでした。閉じることは，凝集性を高め，コミュニケーション・コストを下げるので，いいことも多々あります。ただし，外部環境変化には脆弱です。【越境】のポジティブ・スキーマをつくることで，組織自体を開く必要性が強く求められています。

【越境】促進の制度化／運用の工夫

　概念浸透に必要な4つのレバーの最後が制度化，運用の工夫です（p.122, 図㉒参照）。

●【越境】の制度づくりは一気呵成に

　【越境】支援の仕掛け自体は，社員からすると人事制度の一部と捉えられると思います。【越境】ということは，現業から少なからず離れることを意味するので，社員にどう働いてもらうかの根本思想である人材マネジメントポリシーとの整合性は非常に大事です。トップのコミットメントのところでも記しましたが，【越境】の概念が自社の社員に働いてもらう基本的な考え方と根底で繋がっている仕組みづくりをするべきです。徹底して人を囲い込んできた，バインディング・モデルの企業であれば，時代の変化に対応すべくビジョン・ミッション・バリューを踏まえた【越境】施策に踏み込むのだ，との説明がどうしても必要です。そうでないと，現場

からは「何を急に手のひらを返したように自律だ，【越境】だと言われてもねぇ…」となってしまいます。【越境】支援の仕組みをつくる場合に決定的に大事なことは，自社の人材マネジメントポリシーとその現場での体現の状況を適切に考慮することだといえます（p.125，図㉓参照）。

　その仕組みづくりは，【越境】のムードが社員や組織に殆どない企業であれば，一気呵成に行うべきです。対処療法的に少しずつ【越境】の制度を導入して告知していけば，人事部としては何かしらのやっている感があるとは思いますが，組織全体に【越境】が波及・普及していくことはないでしょう。変化対応の必要性を踏まえて，人材マネジメントポリシーの根底を変える，だからこそその【越境】支援の制度導入なのだ，という正当性のある流れをつくるべきです。ビジョン・ミッション・バリューとの整合性を担保しつつ，トップのコミットメントも引き出しながら，【越境】支援の仕組みづくりを短期間・スピーディに進めるべきです。その際に，社員への周知徹底が求められます。【越境】的な考え方を自社が導入・運用しようとしていることについて，知っている人と知らない人がいることはあってはなりません。全社員が一定以上の理解をするべきです。

　昨今，キャリア自律を見据えた人事制度改定を進める企業が多いと感じますが，人事制度自体は社員の興味関心は高い。自分に大きく関係のあることだからです。キャリア自律と【越境】の概念は親和性が高いので，制度改定に【越境】的考え方を埋め込んでいくことは有効かと思われます。大規模な改定であれば，社員への説明に相当のコストをかける必要がありますので，広報部との連携を密にしながら，【越境】支援の仕組みを周知徹底していくべきです。

●目標設定の必要性

　制度化する際に必要欠くべからざることが目標設定です。トップと【越

境】について合意し，人事部が目的を設定したとして，その目的がどの程度達成されたかを推し測るものが必要です。【越境】の目標設定ですが，概念自体が新しいがゆえに，定量的に目標管理をしている企業はまだ少ないと思われます。先ず全体を踏まえた目標について考えてみましょう。

　先ず，【越境】したことがある人，【越境】している人の組織全体の中での割合は管理するべきです。世代別，入社年次別，部門別，職種別，管理職か否か，などのデータがあると目標設定として機能しやすいと思われます。ある大手金融機関では，【越境】経験者数の目標を組織全体の20％以上とし，多彩な【越境】施策を提供し，これらの情報を把握しながら【越境】に関する観測をしています。基本となるこれらのデータに，社員の人事評価を掛け合わせることで，【越境】施策が事業のどのようなインパクトを与えているのかを冷徹に見ることができます。【越境】前後のパフォーマンスの変化も見ることができます。これらで，一人ひとりに対する目標管理の参考指標とすることも可能ですし，部門別・職種別等で【越境】がどの程度影響しているのかを確認することにも繋がります。

　【越境】の種類や期間，タフさなどを目標設定に勘案することも必要です。【越境】経験といっても多種多様なので，【越境】施策の効果・効能を把握するためにも目標設定として考慮すべきです。個人のパフォーマンスの変化との掛け合わせで，自社の【越境】施策の有効度合いが明らかになるはずです。【越境】前後のインタビューを徹底すると，更に生々しいデータを得ることができます。インタビュー録をテキストマイニングし，G／P＊分析をすることにより，自社の【越境】施策での経験の傾向的特徴を定性的に掴むことも可能になります。

　このように，【越境】施策の管理を徹底し，適切な分析をすることにより，経営に対する効果的なレポートをすることも可能となります。目標設定と管理は大切です。

＊Ｇ／Ｐ分析：Good-Poor Analysis。高得点の上位群，低得点の下位群を選抜し，２群の違いを見る分析手法。

●運用上の工夫①〜労務管理

　実際に【越境】を促していくと，運用上の様々な問題が表面化してきます。制度化するにあたって，運用の細部にも目を凝らしておくべきです。幾つか考えてみましょう。

　先ず，労務管理の問題があります。出向などのように実際の職場が現業と異なる場合は，【越境】先の組織の雇用形態や労務管理が適用されます。そこで適正な処遇がなされれば問題はありません。難しいのが，【越境】研修のような現業で仕事をやりつつ【越境】するケースです。研修は基本的には業務なので，労働時間管理に組み入れることが殆どです。ここで問題になるのが，研修の中での自主的な活動です。昨今，PBL（Project Based Learning）という考え方で研修を行うケースが増えてきています。研修の中でチームが組成され，それぞれに目的や内容が異なる活動をすることが多い。そうなると，決められた研修としての時間以外で活動する時間が増えます。フィールドワークともいえるこの時間を労働時間に入れるべきか否か，答えが分かれます。研修は業務である以上，その中で行うことは基本的には業務扱いにすべきかと思います。ただし，活動自体に一定の時間的キャップをはめておくべきかと思います。そうでないと青天井で労働時間を増やすことになりかねません。このあたりは，その【越境】研修での過去の実績を勘案しつつ決定していくことが大切でしょう。

　一方で，【越境】での活動を自己啓発とする場合もあります。自己啓発とは，自身の考え方や能力を，自らの意志で伸ばしていく活動です。外部のセミナーやワークショップに参加することや，資格取得を目指す活動，

関連書籍での独学などが挙げられます。ポイントは，自らの意志で動くことであり，自主的【越境】活動といえます。上記で挙げた業務としての研修の中でのフィールドワークなどは，それが自立的・自発的に活動するのであれば，自己啓発に含めても然るべきです。自由意志は尊重すべきかと思います。

　自社にとって自己啓発とは何か？　自己啓発と業務の違いは何か？　どのようなケースが当てはまるか？　人事として自己啓発をどのように推進するか？　といったことを事前に検討しておく必要はあるでしょう。

●運用上の工夫②〜評価

　評価もケアしなければいけません。【越境】での活動をどう【越境】者の評価に組み入れるのか，事前に検討しておく必要があります。【越境】での活動を現業の仕事から完全に離れてやるのか，それとも今の仕事をやりつつするのかにもよりますが，【越境】活動が業務の一環であるならば何かしらの評価はすべきです。人事部は【越境】先のコミュニティの目的・活動内容・構成メンバーや交流者を的確に捉えつつ，活動した結果を踏まえた評価をすることが大切です。ただ，【越境】先での活動を確認・共有する人は，特に社外【越境】となると殆どいないでしょう。そこで必要なのは自己評価です。【越境】先での活動がその人にとってどんな意味・価値があり，どのような学びをして，今とこれからの自社内での活動にどのようにインパクトを与えるのか？　という観点で【越境】者の自問自答を促し，定性的に自らの活動を評価してもらうのです。そのためには，第三者が【越境】者の【越境】活動についてインタビューする手法が有効です。問われることで自身が考え，言葉にすることで整理されます。【越境】してさっぱりした，ということだけで終わらせるのではなく，【越境】経験がどのように今と未来に繋がるのかを，内省を促すことで自己評価してい

ただくのです。【越境】の自己評価とその共有は，特に大切なことと思います。

●運用上の工夫③〜処遇

運用上では【越境】後の処遇の問題も検討しておくべきことです。【越境】後に以前の仕事に戻る場合は，【越境】中の経験が活かされることが理想ですが，【越境】が現業の仕事とは異なるコミュニティに参加することである以上，またできるだけ遠くに跳ぶことを推奨していることからも，元の職場に戻った際に【越境】経験がすぐに活きてくることは少ないと思われます。【越境】者の【越境】後の仕事に対する希望を確認しつつ，処遇を考慮することは必要です。例えば，【越境】中に新規事業開発などの経験をした場合，現業に戻り巨大な組織の仕組みの一部に戻ると，物足りなさを感じてしまうこともあるかもしれません。その場合，【越境】者に対して【越境】で得られた経験の概念昇華をしてもらうことをお勧めします。この【越境】経験はいったい何だったのか？　を鳥の目で俯瞰して本質的に捉えると，【越境】後に【越境】経験とは異なる仕事に戻ったとしても，その意味や価値を普遍的に考え現業に活かせるようになると思います。

とはいえ，【越境】経験を活かして違う仕事や部署に移りたいと思う人はいると思います。【越境】施策を検討する際には，【越境】後の処遇について，異動や兼任をさせることができるかどうかも含めて，事前に検討しておくといいでしょう。また，自己申告制度があれば，【越境】施策とリンクさせてもいいかもしれません。

【越境】経験者は，【越境】中の出来事にキラキラとした印象を抱きがちです。【越境】後の処遇をある程度想定しておかないと，組織からの離脱も起きてしまうことがありそうです。とはいえ，自社を選んだのは当人なので，【越境】時の経験の概念昇華と自社・現業の仕事との新結合をする

ことで，現業に対する更なるモチベーションへと繋がるように，【越境】後のフォローを徹底していくべきかと思います。

● 運用上の工夫④〜アルムナイ

　この他にも制度化で考慮したいのが，【越境】経験者が集う会（アルムナイ）の実施により【越境】経験者のアウトプットの場面を増やすことです。【越境】終了後すぐに【越境】経験者が集うことは，自分以外の多様な【越境】経験を共有することにより更なる刺激を獲得する，という意味で大事です。また，【越境】によるさっぱり感や成長感を一時で終わらせず，継続性を担保することも求められます。【越境】施策を継続して実施すると，【越境】経験者が増えていきます。その人脈を支援することで，【越境】ネットワーク（人脈）ができてきます。【越境】ネットワークから思わぬ新結合（イノベーション）が生まれることもあるでしょう。アルムナイの維持・拡大は，【越境】施策を制度化し運用するうえでも大事な側面です。

【越境】者の活性度を高めることが必要

　運用のポイントを幾つかの観点で記しましたが，大事なのは【越境】者の活性度合いの担保です。人や組織の活性度を維持拡大するために，原理原則として求められることが３つあります。「自己有能性」「自己決定性」「社会的承認制」です。【越境】に当てはめて考えてみましょう。

　自己有能性とは，自分は能力を発揮できているという認識であり，【越境】前に感じられることが大事です。自分に対する自信や自負をもって【越境】に臨んでもらうことが必要です。

　自己決定性とは，自分の意思で物事に処せることであり，【越境】中に

自由度高く自分の意思が反映され行動できるように担保されていると感じられ，活性化に繋がります。

社会的承認性とは，周りからの認知や称賛です。その担保は【越境】後に用意することが必要です。【越境】行動が認められることは何より当人にとって嬉しいことなので，社会的承認制は【越境】後の望ましい行動促進にも繋がります。

【越境】施策の制度化を検討する際に，自己有能性・自己決定性・社会的承認制の３点をどう組み入れるのかが極めて重要であり，【越境】施策を有効に機能させるカギとなり得ます。

【越境】の経営へのレポーティング

【越境】を促進・浸透させるためのダイナミズムを考えてみました。トップのコミットメント，機会／プロセス，ストーリーの共有，制度化／運用の工夫，この４つのレバーを動かすことで，真の意味での社員の【越境】による行動変容を導いていくべきです。いずれも大事な観点であり，部分で処すと一時的なムードに終わり【越境】促進が雲散霧消してしまいます。この概念浸透モデルを立体的に動かして，企業，組織内での【越境】促進を，是非とも進めていただければと思います。

このダイナミズムが，適切な目標設定を経て有機的に機能すると，【越境】施策の効果検証ができます。【越境】施策の実施とその効果を，多面的に経営にレポートすることができるのです。それは，実証的人材マネジメントの促進です。人材マネジメントを【越境】を軸にした実証的人材マネジメントに昇華させることにより，経営に対してモノをいう人事部としての存在感を，今よりも増大させることができるようになります。

人事部は【越境】しているか？

　【越境】施策の組織内浸透の最後に，1つ問題提起をします。それは，人事部は【越境】していますか？　ということです。社員の【越境】促進をする主体者である人事部の社員自体はあまり【越境】していないのではないでしょうか？

　人事制度改定の仕事を数多く請け負ってきましたが，頑強な組織や人心の壁に跳ね返されて，新制度を上手く浸透させ機能させることができなかった企業が多かった印象です。特に，人事制度は生活に直結するものであり，過去の制度自体に暗黙的に支配されてしまっている人は多いと思います。そのため，ちょっとやそっとのことでは，社員の動きは変わりません。その結果，変革推進をしていた人事部員は疲れてしまいます。

　また，Ｍ＆Ａや株主変更，リーマンショックやコロナ禍などの外部環境の激変によって，根本的な人材マネジメント変革を迫られた場合でも，現場の社員は素知らぬ顔で，「喉元過ぎれば熱さを忘れる」になってしまうことが多々あります。こうなると，人事部員自体が，「まあ，適当に仕事していればいいか」となり，新しいことにチャレンジしなくなってしまいます。元々人事部は守りの部署という色が強いので，守旧派が多く，安全，安心，着実な考え方が主流ともいえます。悲しいことですが，余計なことはやらないほうが合理的ということもあるかもしれません。そのため，人事部を軸に変革推進をするといった機運は，日本企業にはなかなか表れません。その意味では，人事部員の中のアニマルスピリッツは風前の灯になっているのではないでしょうか？

　長年人事部の方々と議論し続けてきて，人事部の方々の【越境】志向が

漸次減少しているように感じます。【越境】を促進させる主体者である人事部員こそ，自ら【越境】を経験して多くを学び，社内変革の先導者となるべきです。しかし，昨今の実情は反対の様相を見せているようです。そこがとても気になります。

11

戦略は組織（人材マネジメント）に従う
〜SHRM の実現〜

　3つの市場と企業経営のダイナミクスをイメージしながら，各々の市場とのコミュニケーション自体を【越境】させる必要性を話しました。金融市場とのコミュニケーションでは，環境経営のような新たな観点が加わり，【越境】が必須です。商品市場とのコミュニケーションにおいては，提供価値の陳腐化が進展するので多角化が求められます。「顧客・市場」や「製品・提供価値」の【越境】が必要です。

　資本政策や事業戦略が【越境】を求めているのであれば，労働市場とのコミュニケーションの要諦である人材マネジメントも【越境】しなければなりません。今までと違うこと（戦略）をやるのであれば，今までと同じ"人の動かし方"では難しい，ということです。それは SHRM といえます。SHRM とは，Strategic Human Resource Management の頭文字をとったもので，戦略的人材マネジメントという意味です。人材マネジメントこそ【越境】を徹底して戦略的に行わなければならないと考えます。

MI マトリクス® というフレームで見る【越境】

　ここで，人材マネジメントの【越境】の方向性について掘り下げてみま

［図㉔］MIマトリクス®

MIマトリクス®

企業の機能（ドラッカー）／リーダーの役割（コッター）	マーケティング【既存事業推進】	イノベーション【新価値創造】
アジェンダ設定【経営戦略】（やることを決める）	• 顧客は内需中心 • 顧客価値は経験上理解 • いいモノの生産に価値 • 競争優位性は低コスト • 資源の計画投資 • 業界は護送船団方式で保護 • **KPIが分かり易く投資家の期待大**	• 顧客は高齢化し、グローバル対応も必要 • 顧客ニーズを探索する必要あり • コトおこしや共創に価値 • 優位性は独自・独創・コストパフォーマンス • 資源の適時・的確投資（カニバリ対処） • 思わぬ他業界の参入 • **KPIが分かり難く投資家は期待しない**
ネットワーク構築【人材マネジメント】（人を動かす）	• 付与された業務を前例踏襲で実施 • 新卒一括採用の内部人材 • 自社の思考・行動様式を重視 • 管理職の大量養成で事業推進 • **目標の達成度で評価** • 失敗は許されない	• 実験的発想で目的をつくる • 人材の多様性が必要 • 自社以外の思考・行動様式が重要 • 変化適応型のマネジメント • **目的設定度や行動の積極性で評価** • いかに早く失敗を改善に繋げるか

出所：2015年に筆者が考案。表記内は一般論。

しょう。MIマトリクス®というフレームを提示します（**図㉔**参照）。2015年に考案したもので，左右が，ドラッカーがいう企業の機能のマーケティングとイノベーションです。上下にリーダーの役割であるアジェンダ設定とネットワーク構築を置きました。コッターの定義です。

　アジェンダ設定とは，組織がやること，つまり"戦略"を決める，ということであり，経営者や経営企画部の役割といってもいいでしょう。ネットワーク構築とは，決めたアジェンダ（戦略）を達成させるために，人材マネジメントを駆使して組織の構成員を動機づけて動かすことを意味し，

主に人事部の役割ということができます。リーダーとは，この"やること を決めて""人を動かす"人，ということができます。主体的にアジェン ダ（やること）を設定・進化させ，それを実現するべくネットワーク（人 を動かすこと）を維持・拡大する人がリーダーというわけです。

　中央の左側の領域は，高度経済成長期をイメージしていただくといいで しょう。日本の人口や世帯数が飛躍的に増え，主に国内の需要が爆発した この時期には，日本型の雇用システムの3種の神器（終身雇用／年功序列 ／企業内労働組合）や，新卒一括採用が有効に機能しました。国としての エコシステムの詳細は，1979年に刊行されたエズラ・ヴォーゲルの「Japan as No.1」で解説されています。

　事業を取り巻く環境が変わってきているとはいえ，既存事業が一気にな くなるわけではありません。左側の領域である既存事業こそが，多くの企 業で今現在の売上げや利益の中核になっています。今までは，この既存事 業（マーケティング領域）のアジェンダを達成させるための人材マネジメ ントを機能させてきました。今の人材マネジメントは，既存事業を推進す るためにできているのです。ネットワーク構築，つまり人材マネジメント の大胆な変革＝【越境】が簡単ではない理由がここにあります。

　しかしながら，現在はVUCAの時代になりました。MIマトリクス®上 での右シフトが求められています。経営戦略の大胆な【越境】は簡単では なく，その中でも人材マネジメントは社員にとってより身近で生活に関わ ることだからこそ，より一層【越境】が難しい分野です。しかし，それを 成し遂げないと企業の変革は覚束ない。そして，その変革推進の当事者は 人事部です。人事部こそ，人を動かす機能，即ちネットワーク構築機能を 駆使して人材マネジメントを【越境】させ，企業変革を実現していく主体 者であるべきです。

MIマトリクス®での人事の【越境】の方向性

　そこで，人材マネジメントの【越境】の方向性を，6つの機能に細分化して考えてみました。それが**図㉕**です。

　人材マネジメントは，人事の7機能（採用／配置・配属／評価／報酬／昇進・昇格／人材開発／代謝）で説明されることがありますが，ここでは業務デザイン，評価，配置，失敗の位置づけ，採用，育成，の6つの機能で考えてみました。

　計画性が担保されるマーケティング領域では，業務デザインは前例踏襲及び適宜修正（改善）で進めるのが合理的でした。評価は目標の達成度合

[図㉕] MIマトリクス®での人材マネジメントの【越境】の方向性

MIマトリクス®

企業の機能（ドラッカー）／リーダーの役割（コッター）		マーケティング【既存事業】		イノベーション【新規事業】
アジェンダ設定【経営戦略】			越境	
ネットワーク構築【人材マネジメント】	業務デザイン	前例踏襲及び適宜修正	越境	実験的発想でゼロからつくる
	評価	目標の達成度	越境	目的設定度／行動の積極性
	配置	計画ローテーション／実績評価による昇進	越境	適時適材適所／素早いフィードバック
	失敗の位置づけ	信賞必罰	越境	早く失敗し改善に繋げる
	採用	新卒一括採用により染める	越境	多様性を組織に持ち込む必要
	育成	管理職を大量養成して事業推進	越境	自律的変化対応人材養成／学習する組織

出所：MIマトリクス®を基に筆者作成

いで測られ，配置は計画的なローテーションが作用し，業績評価による昇進がごく普通でした。失敗は信賞必罰で処され，新卒一括採用で画一型の人材採用が機能し，育成の基本は管理職を大量に養成し既存事業を推進することにありました。

創造性が必要とされるイノベーション領域では，マーケティング領域とは真逆なことが要求されます。業務デザインは実験的発想でゼロからつくる必要があり，目標の達成度ではなく目的設定や行動を踏まえた評価が必要です。適時適材適所のフレキシブルな配置や素早いフィードバック，できるだけ早い失敗が求められます。採用は中途採用中心の多様性対応が必要であり，変化対応人材を数多く育成することに迫られているといえそうです。それは学習する組織をつくることでもあります。

既に述べたように，3つの市場とのコミュニケーションにおいて【越境】する，即ちアジェンダ（経営戦略）をイノベーション領域にシフトさせるとともにネットワーク（人材マネジメント）も上記のようにシフトさせなければいけません。社会が上りのエスカレーターに乗っていたMIマトリクス®上のマーケティング領域では，計画が機能しある程度の成功が読めていたはずですが，イノベーション領域では，そうはいきません。したがって，人材マネジメントのこのような【越境】は必然と言っても過言ではないでしょう。

組織は戦略に従う？　戦略は組織に従う？

組織は戦略に従う，という考え方があります。提唱したのはアルフレッド・チャンドラーです。彼は外部環境が大きく変わる中で，それに符合して経営戦略が変わるからこそ，組織が徐々に適合するように変わっていく，

逆に言えば，戦略が変わらないのに組織を変えるインセンティブなどない，と主張しました。1962年のことです。

　1979年にアンゾフがその真逆を示唆しています。戦略は組織に従う，というものです。戦略そのものよりも先に，企業のシステムや組織構造が新しくなり，それらが新しいケーパビリティ（経営資源）をかたちづくっていくことになります。もし，トップマネジメントの意思決定の下，新しい組織・システムを徹底・定着させることができれば，それらを活用することで，新しい戦略へと舵を切ることができると述べているのです。

　この2つの論の中の「組織」を，MIマトリクス®のネットワーク構築／人材マネジメントに置き換えて考えるとどうでしょうか？

　チャンドラーは，戦略（アジェンダ設定）を軸に，組織（ネットワーク構築／人材マネジメント）を変えるべき，という主張です。一方のアンゾフは，組織（ネットワーク構築／人材マネジメント）が主導者になり，戦略（アジェンダ設定）を実現させると述べました。意訳すると以下のイメージです。

　✓チャンドラー：外部環境の変化→戦略（アジェンダ設定）の変化→組織（ネットワーク構築／人材マネジメント）の変化
　✓アンゾフ：外部環境の変化→組織（ネットワーク構築／人材マネジメント）の変化→戦略（アジェンダ設定）の変化

　両者とも，基点は外部環境の変化です。それを企業としてどう処すのかの考え方に違いが見られます。どちらが正解というものではなく，状況次第ではどちらも正解たりえます。いかがでしょうか？

　これから先の未来を想起すると，VUCAに代表される変化への対応は必須です。外部環境への変化対応は，環境認識のセンサーの数と質が勝負

を分けます。センサーは社員自体であり，社員がアレンジする AI のようなテクノロジーだと考えます。組織の変化対応力を高めるためにも，人事部が適時・的確・適切に人材マネジメントを【越境】させ社員を動かすことが必要です。それは，SHRM の実現であり，人事部が SHRM の主役になるということです。これからの時代にまさに求められていることかと思います。

リクルートの事例

ここで，リクルートが行った SHRM をご紹介します。

1986年（昭和61年）4 月に入社して以来約40年にわたって，僕はリクルートの社内労働市場で働いています。この間，バブル，バブル崩壊，金融危機，インターネットの台頭，リーマンショック，ゼロ金利政策，コロナ危機といった出来事がありました。

リクルートではバブル崩壊に伴う経営の危機，資本変更，独立資本の回復，持株会社化，株式上場，といった変化がありました。外部／内部を問わず，このような環境変化を経験してきたわけです。この変化の中で，リクルートは人材マネジメントの大改革を行います（拙著『リクルートの現場力』ダイヤモンド社　2005年参照）。

- ❖　採用の【越境】☞採用ポリシーの変更，全社一丸の採用支援体制など
- ❖　配置・配属の【越境】☞最適な雇用ポートフォリオの実現（雇用形態の多様化に対応）
- ❖　評価の【越境】☞全社員に対する成果主義人事制度（ミッション・グレード制）の導入，NVC*評価，360度評価など

- ✧ 報酬の【越境】☞半期年俸テーブル制の導入，福利厚生の全廃など
- ✧ 昇進・昇格の【越境】☞昇進・昇格から任用への移行
- ✧ 人材開発の【越境】☞企業内ビジネススクール設立，ビジネスビュー制度（社外企業への出向・派遣制度）など
- ✧ 代謝の【越境】☞フレックス定年制（満38歳以上で希望退職受付け）など

＊：NVC：New Value Creation の略。パーフォマンス（業績）とクオリティ（仕事の質や取組姿勢）に加えて，1998年から導入された新しい価値の創造を評価する指標。

同時代を経験してきた者として，この改革は激震でした。特に福利厚生はショックでした。高金利だった社内預金制度，配偶者手当，独身寮や社宅，保養所，新幹線通勤制度などの廃止。生活に直接関わるフリンジ・ベネフィットが何もかもなくなった感じで，「冷たい会社になったなぁ」と感じました。ただ，このような変革の背景や詳細を社員に丁寧に説明していた人事部長以下人事部員の人たちの顔が，今も思い出されます。伊達や酔狂でやっているわけではないという真剣さと，説明の根底にあるある種の合理性が，ひしひしと伝わってきました。人事部としての覚悟と，意味咀嚼しようとする現場の相克で，この改革が成功したのだと思います。

戦略は人材マネジメントに従う

リクルートの成功例は特殊かもしれませんが，リクルートも一企業であり，この方法は一般化はできるはずです。

11 戦略は組織（人材マネジメント）に従う〜SHRMの実現〜　153

　「組織は戦略に従う」は大切です。過去この流れで成功を収めてきた日本企業は多いでしょう。一方で，「戦略は組織に従う」も大事です。変化対応に迫られている企業にとって，組織全体で考える，学習する組織になることで，新たな価値創出の戦略を創りあげるのです。それは，図㉖のような動きになりそうです。

[図㉖] MIマトリクス®上での「戦略は組織に従う」のイメージ

MIマトリクス®

企業の機能 （ドラッカー） リーダーの役割 （コッター）	マーケティング （既存事業の推進）	イノベーション （新しい価値の創造）
アジェンダ設定 【経営戦略】 （やることを決める）		
ネットワーク構築 【人材マネジメント】 （人を動かす）		人材マネジメント

出所：MIマトリクス®を基に筆者作成

　今こそ人材マネジメントを【越境】させ，【越境】した社員を基軸にしながら，イノベーション領域を推進するための経営戦略を実現すべきかと思います。「戦略は人材マネジメントに従う」です。これこそがSHRMの実現であり，これからの人事のなすべき仕事であるといえます。

人事の7機能の【越境】を考える

　ここで改めて，MIマトリクス®上でのネットワーク構築（人を動かす／人材マネジメント）の【越境】のイメージを掘り下げてみましょう。人事の基本7機能の【越境】を提示してみます。

- ✧ 採用の【越境】☞求める人材像を，多様性を基軸にして変更
- ✧ 配置・配属の【越境】☞採用した人の特性と志向に合わせた最適な配置・配属
- ✧ 評価の【越境】☞新価値創造を評価基準に設定し，評価指標・ポイントを変える
- ✧ 昇進・昇格の【越境】☞新価値創造体現者の昇進・昇格を推進
- ✧ 報酬の【越境】☞年功序列の賃金体系からジョブ型，ミッショングレード制へ移行
- ✧ 人材開発の【越境】☞階層別・管理職育成から，【越境】経験重視の育成へ
- ✧ 代謝の【越境】☞早期退職勧奨ではなく，自分のキャリアを外に求めることを推奨

　人事部は，自社の今現在の人事機能を冷徹に確認したうえで，部分的もしくは全体的に【越境】を試みるべきかと思います。現在の人事機能は概ね過去のマーケティング領域で培われたものです。多くの企業がイノベーション領域に【越境】すべきという必然性を踏まえると，殆どの人事機能は【越境】させて然るべきでしょう。

　企業のパフォーマンスを，人事部の【越境】支援でなされる社員の【越境】活動で高めるのです。即ち，「戦略は組織（人材マネジメント）に従う」流れをつくり出すのです。変化対応が求められている企業は全て，これをやるべきです。

　こうした【越境】支援施策を講じ，実際に社員が【越境】し，その効果検証を経営へレポーティングすることで，人事部は真の経営参謀になります。

現代は【越境】しやすい

そして、コロナ禍を経て、時代はどんどん【越境】しやすくなっています。【越境】に追い風が吹いているのです。副業・兼業、テレワーク、フリーアドレス、SNSによる個人の発信、ワーケーション、ボランティア、プロボノ…いずれも【越境】と言っても過言ではないでしょう（図㉗参照）。

[図㉗] 現代は【越境】しやすい

出所：筆者作成

変化対応の1つの方向性としての人的資本経営という追い風

労働市場の変化や、労働市場とのコミュニケーションである人材マネジメントの変化にどう対応するのか？　の1つの方向性が、「人的資本経営」でしょう。経済産業省によれば、人的資本経営とは"人材を「資本」として捉え、その価値を最大限に引き出すことで、中長期的な企業価値向上に

つなげる経営のあり方"と定義されています。昨今，耳にすることが多いこの概念ですが，その１つのきっかけになったのが，2020年９月に経済産業省が公表した「持続的な企業価値向上と人的資本に関する研究会」の最終報告書（通称：人材版伊藤レポート）です。この伊藤レポートは，2022年５月に「人的資本経営の実現に向けた検討会報告書〜人材版伊藤レポート2.0〜」として進化しています。

人的資本経営と【越境】の繋がり

この人材版伊藤レポートの目次を見てみましょう（図㉘参照）。

さて，この目次の太枠の部分にご注目いただきたい。これらはいずれも【越境】関連項目といって差し支えないでしょう。詳細を見ていきます。

動的な人材ポートフォリオ計画の策定と運用の中では，ギャップ分析やギャップを踏まえた平時からの人材の再配置，外部からの獲得が必要とあります。人材ポートフォリオをダイナミックに動かしていることは，まさに【越境】促進と考えていいでしょう。再配置や外部からの人材獲得も人事が司ることができる【越境】施策といえます。

知・経験のダイバーシティ＆インクルージョンのための取組の第一項目として，キャリア採用や外国人の比率・定着・能力発揮のモニタリングが挙げられています。今までにない人が組織に入ってくることは，組織からすると【越境】を体現しているともいえます。自社以外の考え方や価値観を外部から持ち込むことで，組織としては動いていなくても【越境】することになるのです。

リスキル・学び直しのための取組は，そのものズバリ【越境】ということができます。組織として不足しているスキルを特定しつつ，社員がリ・スキリングや学び直しを実現していくことは，知を深化させるアップスキリングとは異なります。何かしらの【越境】なくしては実現できないでしょ

11 戦略は組織（人材マネジメント）に従う～SHRMの実現～　157

［図㉘］人材版伊藤レポート2.0目次

0．はじめに
①人材版伊藤レポートを公表してからの変化
②人材版伊藤レポートで明らかにしたこと
③今回のレポートの狙い

1．経営戦略と人材戦略を連動させるための取組
①CHROの設置
②全社的経営課題の抽出
③KPIの設定、背景・理由の説明
④人事と事業の両部門の役割分担の検証、人事部門のケイパビリティ向上
⑤サクセッションプランの具体的プログラム化
　（ア）20・30代からの経営人材選抜、
　　　　グローバル水準のリーダーシップ開発
　（イ）候補者リストには経営者の経験を持つ者を含める
⑥指名委員会委員長への社外取締役の登用
⑦役員報酬への人材に関するKPIの反映

2．「As is - To beギャップ」の定量把握のための取組
①人事情報基盤の整備
②動的な人材ポートフォリオ計画を踏まえた目標や達成までの期間の設定
③定量把握する項目の一覧化

3．企業文化への定着のための取組
①企業理念、企業の存在意義、企業文化の定義
②社員の具体的な行動や姿勢への紐付け
③CEO・CHROと社員の対話の場の設定

4．動的な人材ポートフォリオ計画の策定と運用
①将来の事業構想を踏まえた中期的な人材ポートフォリオのギャップ分析
②ギャップを踏まえた、平時からの人材の再配置、外部からの獲得
③学生の採用・選考戦略の開示
④博士人材等の専門人材の積極的な採用

5．知・経験のダイバーシティ＆インクルージョンのための取組
①キャリア採用や外国人の比率・定着・能力発揮のモニタリング
②課長やマネージャーによるマネジメント方針の共有

6．リスキル・学び直しのための取組
①組織として不足しているスキル・専門性の特定
②社内外からのキーパーソンの登用、当該キーパーソンによる社内でのスキル伝播
③リスキルと処遇や報酬の連動
④社外での学習機会の戦略的提供（サバティカル休暇、留学等）
⑤社内起業・出向起業等の支援

7．社員エンゲージメントを高めるための取組
①社員のエンゲージメントレベルの把握
②エンゲージメントレベルに応じたストレッチアサインメント
③社内のできるだけ広いポジションの公募制化
④副業・兼業等の多様な働き方の推進
⑤健康経営への投資とWell-beingの視点の取り込み

8．時間や場所にとらわれない働き方を進めるための取組
①リモートワークを円滑化するための、業務のデジタル化の推進
②リアルワークの意義の再定義と、リモートワークとの組み合わせ

う。

　エンゲージメントレベルに応じたストレッチアサインメントや，社内のできるだけ広いポジションの公募制化も【越境】をすることに繋がる施策です。副業・兼業等の多様な働き方の推進もまさに【越境】といえます。

　時間や場所にとらわれない働き方を進めるための取組では，リモートワークが取り上げられていますが，これも今までとは異なる環境に身を置くことを考えると【越境】といえるでしょう。

　いかがでしょうか？　人的資本経営を推進する具体策には，【越境】関連項目が目白押しです。

　人的資本経営の実現に向けた検討会の座長であり，このレポートの筆者でもある伊藤邦雄先生は，まえがきでこう書いています。「人材は『管理』の対象ではなく，その価値が伸び縮みする『資本』なのである。企業側が適切な機会や環境を提供すれば人材価値は上昇し，放置すれば価値が縮減してしまう。人材の潜在力を見出し，活かし，育成することが，今まさに求められている」。

　人的資本経営のカギは人材そのものであり，その人材価値を高めることこそが，SHRM に他ならないと考えます。

人的資本経営を実現する変革の方向性

　また，伊藤レポートのまえがきには，この人的資本経営を実現するうえでの変革の方向性が示されています。

- ❖　人材マネジメントの目的：人的資源・管理☞人的資本・価値創造へ
- ❖　アクション：人事☞人材戦略へ
- ❖　イニシアチブ：人事部☞経営陣／取締役会へ

❖　ベクトル・方向性：内向き☞積極的対話へ

❖　個と組織の関係性：相互依存☞個の自律・活性化へ

❖　雇用コミュニティ：囲い込み型☞選び・選ばれる関係へ

これらの変革の方向性は何を意味しているのでしょうか？

　先ず，人材マネジメントの目的を人的資源・管理から人的資本・価値創造へ，ということはどのようなことなのか考えてみます。人材を資本とみなし，管理の対象ではなく価値創造の主体者として捉えるということは，人的資源管理（Human Resources Management：HRM）ではなく，人的資本開発（Human Capital Development：HCD）への転換を意味しています。人的資源・管理という言葉は，確かによく考えると，人間が資源という据わりの悪さがあるのと同時に，管理という言葉も違和感満載です。なぜなら，管理は依存を生むからです。ごく普通に使われている言葉に管理職がありますが，この管理とは一体何でしょうか？　右手と右足を同時に前に出しながら進むロボットを想起してしまうのは僕だけでしょうか？人間の可能性を否定しているように感じてしまいます。

　アクションを人事から人材戦略に移行させるということは，人材マネジメントを戦略的に行うことだと理解しました。まさにSHRMの実現ということです。そのためには，人材マネジメントこそ【越境】させるべきです。

　イニシアチブを人事部から経営陣／取締役会に移すということは，何を意味しているのでしょうか？　人的資本経営が主語だとすると，経営マターの変化であり，経営陣や取締役会こそ人的資本に対する注意を徹底して払うべきということと思います。とはいえ，人材マネジメント業務そのものを経営陣がやるのは機能的にもナンセンスです。人的資本経営のイニ

シアチブは経営陣や取締役会がとりつつ，特に人材マネジメント変革の推進者はやはり人事部でなければなりません。

　ベクトル・方向性を内向きから積極的対話に変えていくということこそ，社員に対して【越境】支援を講じることによってなされる様相でしょう。このように，組織を内向きから外に開いていくことを【越境】を通じて実現できるのは，人事部以外にないでしょう。

　個と組織の関係性を相互依存から個の自律・活性化に変えるということは，【越境】する主体者である個が増えることで自ずと実現できると思われます。【越境】することによって自己有能性・自己決定性・社会的承認制が担保され，個が活性化し，それが組織に伝播していきます。組織が外に開かれていくことで，個と組織の関係性も自ずと依存的から自律的に変わっていくと思われます。

　雇用コミュニティが囲い込み型から選び・選ばれる関係になるとは，タコ壺からの脱却を意味します。コミュニティの有り様が，バインディング・モデル（拘束型）から，モビリティ・モデル（流動型）へ転換していくことでもあり，それは社員の【越境】によって実現されます。

　この変革の方向性を読み解くと，「社員を組織の中に閉じ込めることなく開き，対話を繰り返し，個の自律や活性化を促し，対等な関係性を構築することが，これからの人材マネジメントがすべきこと」と理解することができます。それは社員の【越境】及び人事部の【越境】支援によって実現することができるのであり，SHRM の実現でもあるといえます。

　この変革の主体者は，CHRO（Chief Human Resources Officers：最高人財責任者）や人事部長をトップとする人事部門です。

　これからの時代，新しい価値を生み出す企業経営においては，人事部が

主導者となり，社員の【越境】支援を徹底して推進すべきです。ただし，その方向性は上述のように以前とは大きく異なります。ここを誤ると，人的資本経営は実現できません。

外部環境の変化に対応をすることが強く求められている現在，人材マネジメント自体を戦略的に【越境】させ，社員を【越境】させ，組織側はそれを支援せよ，という理解です。そのためには，人事部自体も【越境】しなければなりません。

人的資本経営は矛盾のマネジメント

本書では，企業を取り巻く資本市場，商品市場，労働市場とのコミュニケーションを【越境】させる必要性を提起しました。外部環境に対する変化対応を実現するために，企業の事業活動の主体者である社員を組織内に閉じ込めていないで，何かしらの方法で【越境】させ，覚醒を促し，変革推進の主体者にしていこう，という主張です。

とはいえ，その推進には大きな壁が厳然と存在しているといえそうです。旧来の人材マネジメントの慣行，慣性，価値観，常識，といったものです。それは社員の中に根差していると同時に人事部の中にも存在しているのです。だからこそ，変革は難しい。ではどうやってこのシフト，つまり【越境】を実現させるのでしょうか？

企業経営とは，元々矛盾のマネジメントだったのでは，と経営学者の伊丹敬之先生は示しています（**図㉙**参照）。これを見ると，確かに矛盾だらけです。人事部が人材マネジメントを【越境】させていくことも，同様に矛盾だらけといえます。

一方で，日本企業は清濁併せ呑むことは結構得意だったと思います。虻蜂取らずにならず，二兎を追う，謂わば「両利きの経営」はできてきたのではないでしょうか？　MIマトリクス®（p.146，**図㉔**参照）をよく見ると，

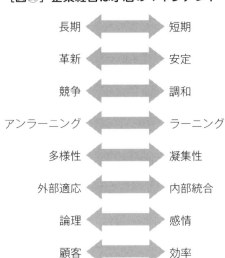

[図㉙] 企業経営は矛盾のマネジメント

出所：経営学者伊丹敬之氏，加護野忠男氏の考えを基に筆者作成

　矛盾した経営を執り行うことこそが「両利きの経営」であることが分かります。矛盾はマネージできるのです。そして，この矛盾を昇華させた企業だけが，生き残ることができるのです。

　「両利きの経営」はアジェンダ設定とネットワーク構築の【越境】をすることで実現できます。僕としては，特に人材マネジメントの【越境】が基点となる企業変革を推進することこそが，人的資本経営を標榜している日本流だと信じます。そして，何度も繰り返しますが，【越境】支援の主役であり主体者は人事部です。人事部こそが企業変革を実現して，「両利きの経営」を手に入れる主役と言っても過言ではないでしょう。

12 まとめ

【越境】の必要性の流れ

最後に改めて，【越境】の必要性の流れを簡単にまとめます。

- 企業経営は，金融／商品／労働市場とのコミュニケーションの最適化。外部環境の変化により，金融市場や商品市場とのコミュニケーションは【越境】が求められている。
- 自社内労働市場の主体者たる自社の社員は，資本を回転させ商品市場に対して価値を提供し対価を獲得する中心の存在。商品市場に対する提供価値そのものが変化し，働き方改革といわれるように労働市場自体も変化している以上，自社の社員も変化しなければいけない。つまり，社員は【越境】することが必要なのである。
- 社員は外部環境に接している受容体ともいえるので，【越境】すると外部環境との接点は増し，組織に還元すると組織知は増す。【越境】では，沢山の他流試合，社外経験，新結合，自立的学習，組織的学習が生まれる。

ただ，【越境】行為にはエネルギーが必要であり，社員の自律性／自

己啓発にのみ頼っていては難しい。"意識高い系"の社員しか【越境】しないのが現実。組織として【越境】を支援すべきことに異論はない。

●では，【越境】支援は一体誰がするのか？　人事部の出番である。人事が企業変革を実現するというのは，難しそうだが実は可能。ただし，【越境】推進は対症療法では難しい。【越境】の概念浸透ともいうべき組織内浸透活動を行うべき。そのためには，「【越境】に対するトップのコミットメント」「【越境】の機会／プロセス」「ストーリーの共有」「制度化／運用の工夫」この４つのレバーを体系的に整備して動かしていくべきであり，その主体者は人事部。

●この【越境】推進を主張する背景には，"戦略は組織に従う"という考え方があり，戦略的人材マネジメントを基軸にした両利きの経営ともいえそう。幸いにも人的資本経営の大きな追い風が吹いている。今こそ，人事部は可愛い社員を【越境】させて，企業変革のキードライバーとなるべき。

このような流れが日本企業に必要だと思います。

【越境】を軸とした人材マネジメント変革は，経営管理イノベーション

この流れは，経営管理手法も変えていくこととともいえます。ゲイリー・ハメル*はイノベーションの最上位概念に，経営管理イノベーションを置いています（図㉚参照）。会社を動かす方法自体が変わっていくというものです。MBAに代表される欧米型経営管理手法からの脱却の必要性や可能性を追求することにも繋がります。

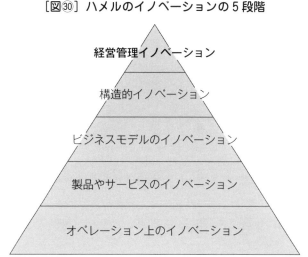

[図㉚] ハメルのイノベーションの5段階

- 経営管理イノベーション
- 構造的イノベーション
- ビジネスモデルのイノベーション
- 製品やサービスのイノベーション
- オペレーション上のイノベーション

出所：ハメルのイノベーションの5段階を基に筆者作成

＊ゲイリー・ハメル：ロンドンビジネススクール客員教授，Management Labの共同創設者。『ハーバード・ビジネス・レビュー』への寄稿多数。著書に，『経営の未来』（日本経済新聞出版），『経営は何をすべきか』（ダイヤモンド社），C・K・プラハラードとの共著書『コア・コンピタンス経営』（日本経済新聞出版）などがある。

　この仕組みは日本国内のみならず世界に開かれるべきであり，そうすることによって，ガラパゴス化から解き放たれ，世界の知を取り込んで新結合の土壌となり，日本が野中先生曰くの「開かれた共同体」になっていくのです。人的資本主義の要諦である，日本全体を踏まえた人的資本の最大化，が求められている現在，1つの組織や企業の単位で物事を考えるのではなく，社会全体で【越境】を考えるべきです。【越境】を手段として組織が外に開き，日本に次世代リーダー開発の基盤ができるということです。それは，「日本全体で，日本人の【越境】を推進し，日本を強くすること」

と言っても過言ではないでしょう。OPEN JAPANです。日本は，排他主義から解放主義に向かうべきかと思います。そのためには，組織の中に人を閉じ込めていてはいけません。

成長戦略実行計画

令和元年6月21日付の政府の「成長戦略実行計画」のp.5にこうあります。

「経済成長を支える原動力は「人」である。劇的なイノベーションや若年世代の急減が見込まれる中，国民一人一人の能力発揮を促すためには，社会全体で人的資本への投資を加速し，高スキルの職に就ける構造を作り上げる必要がある。

また，第4次産業革命や人口減少など変化が激しい時代には，企業も個人も，変化に柔軟に対応し，ショックへの強靭性を高める必要がある。このためには，第4次産業革命によってもたらされる分散化・パーソナル化の力に合わせて，働き方としても，多様で柔軟な企業組織・文化を広げる必要がある。

これにより，組織の中に閉じ込められ，固定されている人を解放して，異なる世界で試合をする機会が与えられるよう，真の意味での流動性を高め，個人が組織に縛られ過ぎず，自由に個性を発揮しながら，付加価値の高い仕事ができる，新たな価値創造社会を実現する必要がある。」

以降の成長戦略実行計画（令和2，3，4，5，6年）でも同様の必要性が述べられています。組織の中に人を閉じ込めてはいけないと政府が一貫して主張しているのです。

OPEN JAPAN で新しい「Japan as No. 1」を つくる

「可愛い社員には【越境】させる」べきです。

その【越境】を支援する主体者は人事部です。

ただ，ここで大切なのは，1つの企業の中で躍起になっても，日本全体に【越境】が波及・普及していかないということです。人的資本主義経営の要諦ともいえる，日本全体を踏まえた人的資本の最大化を実現すべきです。そのためには OPEN JAPAN を推進すべきです。【越境】を軸にした新しいエコシステムをつくり，社会全体で【越境】を促していくのです。それは，新しい「Japan as No. 1」を目指すためのシステムともいえます。もしかしたら，脱成長の「Japan as Only1」になるかもしれません。【越境】を国家として公式化して，常識になるように動くべきです。

そして今，人事部の方々に問いたい質問があります。

自分自身のキャリアの転機はどこか？　明らかに成長したと思われるタイミングはいつか？　それは，激しい【越境】をした時ではなかったか？そこで何を経験したのか？　何を深く学んだのか？　それは今の自分にどう活かされているのか？　その【越境】経験がなければ，どんな自分を想起できるか？　といったことです。おそらく，皆さんのターニング・ポイントには何かしらの【越境】経験が含まれていると思います。であるならば，社員の【越境】を大胆に促進すべきではないでしょうか？

人事部の皆さんに問います。【越境】していますか？

あとがき

　エコシステムという言葉があります。元々は，「生態系」を示す生物学の専門用語です。同じ場所や領域で暮らしている生物が，互いに依存しあって生きている状態を示します。自然界では，殆どの生物は１つの種のみでは生きることができません。大気や気候，土壌といった外部環境，そこから栄養を得ている微生物や植物，それを捕食する昆虫，その虫を捕食する動物など，全ては繋がっています。動物自体にも食物連鎖があります。自然はお互いに依存しつつ存在しているといえます。もし，１つの種が滅んでしまえば，生態系全体のバランスが崩れる可能性もあります。このように，ある領域（地域や空間など）の環境，植物や生き物などが互いに依存しつつ生態系を維持している関係のことを，エコシステムと呼びます。

　ビジネスの文脈で用いられる場合は，人や企業，知識や情報，ノウハウ，資金などの資源が集積し，分散している場合よりも高い生産性や相互補完関係を生むような「状況」，「状態」や「場」そのものを指し，共同体と示されることもあります。イノベーションが創出されるシリコンバレーのような地理的空間を指す場合もあれば，１つの企業を中心とした強いネットワークの構造を指すこともあります。

　本書は，社員を【越境】させることが企業の価値向上に繋がることを主張しています。【越境】は，社員だけでできるものではなく，組織や人事部がシャカリキになっても空回りすることが多そうです。そこで，【越境】のエコシステムの出番です。【越境】をめぐる関係者，関係集団の中で，相互影響／相互補完関係をつくることが強く求められます。それは，１つ

の企業の中で閉じていてはいけない。単一企業内や企業間同士の限定的な協調といった枠に囚われず，業種や業界を越えた企業間の連携が必須です。日本自体が【越境】のエコシステムをつくる，つまり「開かれた共同体」になることが必要なのです。

　日本中のありとあらゆる組織や企業が外に開き，その構成員が【越境】し有為に活動して，ヨコ連携のネットワークができて，新結合が生まれる。それこそが，我々が後世に残すべき，脱成長・新価値創造を実現する独創的な日本の姿だと考えます。そのために，自分自身も激しく【越境】し，様々な事象や人々と繋がり，今までにない価値の源泉を創っていこうと思います。

2024年12月　京都『守破離』にて

井上　功（いのうえ　こう）

参考文献

エズラ・F. ヴォーゲル著，広中和歌子・木本彰子訳，『Japan as No. 1』，TBS ブリタニカ，1979年

ピーター・F・ドラッカー著，小林宏治監修，上田惇夫，佐々木実智男訳，『イノベーションと企業家精神』，ダイヤモンド社，1985年

ピーター・F・ドラッカー著，野田一夫，村上恒夫監訳，『マネジメント　上』『マネジメント　下』，ダイヤモンド社，1993年

ヨーゼフ・A・シュムペーター著，塩野谷祐一，東畑精一，中山伊知郎訳，『経済発展の理論　上』『経済発展の理論　下』，岩波書店，1977年

クレイトン・クリステンセン著，玉田俊平太監修，伊豆原弓訳，『イノベーションのジレンマ　増補改訂版』，翔泳社，2001年

クレイトン・クリステンセン，ジェフリー・ダイアー，ハル・グレガーセン著，櫻井祐子訳，『イノベーションのDNA』，翔泳社，2012年

ゲイリー・ハメル著，鈴木主税，福嶋俊造訳，『リーディング・ザ・レボリューション』，日本経済新聞社，2001年

ゲイリー・ハメル，ビル・ブリーン著，藤井清美訳，『経営の未来』，日本経済新聞社，2008年

ゲイリー・ハメル著，C・K・プラハラード著，一條和生訳，『コア・コンピタンス経営』，日本経済新聞社，2001年

ゲイリー・ハメル著，有賀裕子訳，『経営は何をすべきか』，ダイヤモンド社，2013年

チャールズ・A・オライリー，マイケル・L・タッシュマン著，入山章栄監訳・解説　冨山和彦解説　渡部典子訳，『両利きの経営』，東洋経済新報社，2019年

ジャック・メジロー著，金澤睦・三輪建二監訳，『おとなの学びと変容』，鳳出版，2012年

モーガン・マッコール著，金井壽宏監訳　リクルートワークス研究所訳，『ハイ・フライヤー』，プレジデント社，2002年

エベレット・ロジャーズ著，三藤利雄訳，『イノベーションの普及』，翔泳社，2007年

ジェフリー・ムーア著，川又政治訳，『キャズム』，翔泳社，2002年

ジョーゼフ・キャンベル著，倉木真木・斎藤静代・関根光宏訳，『千の顔を持つ英雄』，ハヤカワ・ノンフィクション文庫，2015年

H・イゴール・アンゾフ著，岡田正大訳，『企業戦略論』，産業能率大学出版部，1988年

アルフレッド・D・チャンドラー著，有賀裕子訳，『組織は戦略に従う』，ダイヤモンド社，2004年

三隅二不二著，『新しいリーダーシップ　―集団指導の行動科学』，ダイヤモンド社，

1974年

ウォレン・ベニス著，伊東奈美子訳，『リーダーになる［増補改訂版］』，海と月社，2008年

ジョン・P・コッター著，DIAMONDハーバード・ビジネス・レビュー編集部・黒田由貴子・有賀裕子訳，『リーダーシップ論（第2版）』，ダイヤモンド社，2012年

野村総合研究所編，『マネジメント・ルネサンス』，野村総合研究所，1987年

石山恒貴，伊達洋駆著，『越境学習入門』，日本能率協会マネジメントセンター，2022年

谷敏行著，『アマゾン・メカニズム』，日経BP，2021年

大沢武志著，『心理学的経営』，PHP研究所，1993年

くらたまなぶ著，『「創刊男」の仕事術』，日本経済新聞社，2003年

野中郁次郎，竹内弘高著，梅本勝博訳，『知識創造企業』，東洋経済新報社，1996年

野中郁次郎，勝見明著，『イノベーションの本質』，日経BP社，2004年

野中郁次郎，勝見明著，『イノベーションの知恵』，日経BP社，2010年

野中郁次郎，遠山亮子，平田透著，『流れを経営する』，東洋経済新報社，2010年

伊丹敬之著，『イノベーションを興す』，日本経済新聞出版社，2009年

伊丹敬之，加護野忠男著，『ゼミナール経営学入門』，日本経済新聞出版社，2003年

一橋大学イノベーション研究センター編，『イノベーションマネジメント入門』，日本経済新聞社，2001年

デビッド・ティース著，谷口和弘，蜂巣旭，川西章弘，ステラ・S・チェン訳，『ダイナミック・ケイパビリティ戦略』，ダイヤモンド社，2013年

W・チャン．キム，レネ・モボルニュ著，有賀裕子訳，『ブルー・オーシャン戦略』，ダイヤモンド社，2013年

ヘンリー・チェスブロウ，ウィム・ヴァンハーベク，ジョエル・ウェスト著，PRTM監訳，長尾高弘訳，『オープンイノベーション』，英治出版，2008年

ビジャイ・ゴビンダラジャン，クリス・トリンブル著，渡部典子訳，『リバース・イノベーション』，ダイヤモンド社，2012年

ジェラルド・ザルトマン，ロバート・ダンカン，ジョニー・ホルベック著，首藤禎史，伊藤友章，平安山英成訳，『イノベーションと組織』，創成社，2012年

C・K・プラハラード，ベンカト・ラマスワミ著，一條和生，有賀裕子訳，『コ・イノベーション経営』，東洋経済新報社，2013年

ピーター・D・ピーダーセン著，新将命解訳，『レジリエント・カンパニー』，東洋経済新報社，2014年

トム・ピーターズ著，平野勇夫訳，『トム・ピーターズの経営破壊』，阪急コミュニケーション，1993年

キース・ソーヤー著，金子宣子訳，『凡才の集団は孤高の天才に勝る』，ダイヤモンド社，2009年

ピーター・センゲ著，枝廣淳子，小田理一郎，中小路佳代子訳，『学習する組織』，英知出版，2011年

ラズロ・ボック著，鬼澤忍，矢羽野薫訳，『WORK RULES』，東洋経済新報社，2015年

ジェフリー・フェファー，ロバート・I・サットン著，長谷川喜一郎，菅田絢子訳，『実行力不全』，ランダムハウス講談社，2005年

ダニエル・ピンク著，大前研一訳，『ハイ・コンセプト』，三笠書房，2006年

スコット・ペイジ著，水谷淳訳，『多様な意見はなぜ正しいのか』，日経BP社，2009年

藤原和博著，『必ず食える1％の人になる方法』，東洋経済新報社，2013年

佐藤信，五味文彦著，『詳説日本史』，山川出版社，2023年

木村靖二　岸本美緒ほか著，『詳説世界史』，山川出版社，2023年

ウォルター・アイザックソン著，井口耕二訳，『スティーブ・ジョブズⅠ』『スティーブ・ジョブズⅡ』，講談社，2011年

スコット・バークン著，村上雅章訳，『イノベーションの神話』，オライリー・ジャパン，2007年

中原淳，荒木淳子，北村士朗，長岡健，橋本諭著，『企業内人材育成入門』，ダイヤモンド社，2006年

三品和広，三品ゼミ著，『リ・インベンション』，東洋経済新報社，2013年

池田信夫著，『イノベーションとは何か』，東洋経済新報社，2011年

アビー・グリフィン，レイモンド・L・プライス，ブルース・A・ボジャック著，市川文子，田村大監訳，東方雅美訳，『シリアル・イノベーター』，プレジデント社，2014年

三宅秀道著，『新しい市場のつくり方』，東洋経済新報社，2012年

村井啓一著，『創発人材をさがせ』，日本経済新聞出版社，2011年

藤屋伸二著，『48の成功事例で読み解く　ドラッカーのイノベーション』，すばる舎，2013年

外山滋比古著，『知的創造のヒント』，筑摩書房，2008年

リクルートHCソリューショングループ著，『感じるマネジメント』，英知出版，2007年

大迫吉徳，長縄美紀編，『イノベーションの旅』経済産業省・リクルート，2011年
http://ci.nii.ac.jp/ncid/BB09619469

『Works No89　カオス発，創造へ』，リクルートワークス研究所，2008年

『Works No104　クリエイティブクラスとの新結合』，リクルートワークス研究所，2012年

『Works 人材マネジメント調査2005　－2015年人材マネジメントはどこにいく－』，リクルートワークス研究所，2005年

『RMS メッセージ vol. 44 越境の効能』，リクルートマネジメントソリューションズ，
　2016年

日本政府，『成長戦略実行計画』，令和元年，2年，3年，4年，5年，6年

経済産業省，『人材版伊藤レポート2.0』，2022年

日本経団連，『副業・兼業に関する調査結果』，2022年

井上功著，『リクルートの現場力』，ダイヤモンド社，2005年

井上功著，『なぜエリート社員がリーダーになるとイノベーションは失敗するのか』，
　ダイヤモンド社，2015年

井上功著，『リクルート流イノベーション研修全技法』，ディスカヴァー21社，2017年

井上功著，『CROSS BORDER 越境思考』，ディスカヴァー21社，2022年

※ｉサーベイ Ⓡ，ｉセッション Ⓡ，MI マトリクス Ⓡ は，株式会社リクルートマネジメント
　ソリューションズの登録商標です。

[著者紹介]

井上　功（いのうえ　こう）

株式会社リクルートマネジメントソリューションズ　マスター

【経歴】

1986年4月，株式会社リクルート入社。人事部，総合企画部，HCソリューショングループ等を経て，2012年4月より株式会社リクルートマネジメントソリューションズ籍。2022年4月より現職。採用，人材開発，組織開発，イノベーション支援領域において，ソリューション実績多数。特に，2013年から実施している社内【越境】研修でもあるi-session®（イノベーション・セッション）は，受講者総数1万3,000名以上，実施企業数は100社超。異業種【越境】研修でもあるJammin'は2019年より実施しており，受講者総数1,500名，派遣企業は70社超（2024年現在）。

【現在の仕事】

組織の中から新しい価値（イノベーション）をどうやって創出するか，を課題に掲げ，経済産業省や民間企業，リクルートグループ各社と協働，企画・開発，実践を行っている。イノベーションと繋がるここ数年のテーマは，【越境】。

【表彰，講演実績・講演テーマ】

1997，98年にリクルート全社マネージャーMVP受賞。国際基督教大学，国土交通省，経済産業省，大手企業などでの講演実績多数。講演テーマは，①【越境】の意味や価値②イノベーション創出　③営業・マーケティング　④リクルートの企業変革　など。

【卒業大学】

1986年　早稲田大学　第一文学部卒

【著書】

❖ 『リクルートの現場力』ダイヤモンド社　2005
　　リクルートの強みやイノベーション創出力を現場力視点で整理した著作

❖ 『なぜエリート社員がリーダーになるとイノベーションは失敗するのか』ダイヤモンド社　2015
　　組織の中からイノベーションを起こすポイントを，アップルと日本企業の事例で示した著作

❖ 『リクルート流イノベーション研修全技法』ディスカヴァー・トゥエンティワン社　2017
　　イノベーション研修の内容を具体的に提示した著作

❖ 『CROSS BORDER 越境思考』ディスカヴァー・トゥエンティワン社　2023
　　ビジネスパーソンが越境することの意味や越境領域，効果について記した著作

「越境」支援戦略
―人事のための導入のポイントと事例

2025年 2 月20日　第 1 版第 1 刷発行

著　者　井　上　　　功
発行者　山　本　　　継
発行所　㈱中　央　経　済　社
発売元　㈱中央経済グループ
　　　　パ ブ リ ッ シ ン グ

〒101-0051　東京都千代田区神田神保町1-35
電話　03（3293）3371（編集代表）
　　　03（3293）3381（営業代表）
https://www.chuokeizai.co.jp
印刷／昭和情報プロセス㈱
製本／㈲井 上 製 本 所

©2025　Recruit Management Solutions
Co., Ltd. All Rights Reserved.
Printed in Japan

＊頁の「欠落」や「順序違い」などがありましたらお取り替えいた
しますので発売元までご送付ください。（送料小社負担）

ISBN978-4-502-52661-9　C3034

JCOPY〈出版者著作権管理機構委託出版物〉本書を無断で複写複製（コピー）す
ることは，著作権法上の例外を除き，禁じられています。本書をコピーされる場合
は事前に出版者著作権管理機構（JCOPY）の許諾を受けてください。
JCOPY〈https://www.jcopy.or.jp　e メール：info@jcopy.or.jp〉